猫并不总是轻巧跳落，
它们只有在愿意轻巧的时候才会轻巧。
猫只会做自己想做的事。

猫咪现在已经不是自由自在的野生动物了，
它属于你，
所以你必须做对它最有益的事，
不论你是否喜欢这件事。

我走上木栈道，站在她身旁，也背向大海。
我很想看看大海，黑色的大海翻滚着白色的巨浪，发出雷鸣般的声音。

少年戴维和猫

It's Like This, Cat

［美］埃米莉·切尼·内维尔◎著
尹楠◎译

湖南文艺出版社 HUNAN LITERATURE AND ART PUBLISHING HOUSE
小博集 BOOKY KIDS

著作权合同登记号：图字 18-2023-145

图书在版编目（CIP）数据

少年戴维和猫 /（美）埃米莉·切尼·内维尔著；尹楠译 .-- 长沙：湖南文艺出版社，2024.1（2025.4 重印）
ISBN 978-7-5726-1489-7

Ⅰ. ①少… Ⅱ. ①埃… ②尹… Ⅲ. ①儿童故事—美国—现代 Ⅳ. ① I712.85

中国国家版本馆 CIP 数据核字（2023）第 221419 号

上架建议：畅销·儿童文学

SHAONIAN DAIWEI HE MAO
少年戴维和猫

著　　者：[美] 埃米莉·切尼·内维尔
译　　者：尹　楠
出 版 人：陈新文
责任编辑：张子霏
监　　制：李　炜　张苗苗　文赛峰
策划编辑：文赛峰
特约编辑：焦玲玲　张晓璐
营销编辑：付　佳　杨　朔　付聪颖
版权支持：张雪珂
封面设计：梁秋晨
版式设计：马睿君
绘　　者：哆　多
版式排版：金锋工作室
出　　版：湖南文艺出版社
（长沙市雨花区东二环一段 508 号　邮编：410014）
网　　址：www.hnwy.net
印　　刷：北京天宇万达印刷有限公司
经　　销：新华书店
开　　本：875 mm × 1230 mm　1/32
字　　数：99 千字
印　　张：6
插　　页：2
版　　次：2024 年 1 月第 1 版
印　　次：2025 年 4 月第 2 次印刷
书　　号：ISBN 978-7-5726-1489-7
定　　价：29.80 元

若有质量问题，请致电质量监督电话：010-59096394
团购电话：010-59320018

穿越成长中的重重篱障

翻开《少年戴维和猫》，一种熟悉感扑面而来：书中的戴维分明就是我儿子上中学时的样子，敏感、冲动、叛逆；而我那时也像极了戴维的爸爸，专横、霸道、居高临下。等到读完，合上书，我又不禁莞尔一笑，与青少年和谐相处的方式，抑或青春期的教育秘密，无论中外，竟是如此相似。

整体来看，《少年戴维和猫》是一本有着深刻启示的“教育之书”，貌似平平无奇，实则后劲十足，虽是1964年的纽伯瑞金奖作品，却没有过时之感，依然有鲜活的现实生活气息。故事以戴维与父亲处处对立、相看两厌的矛盾开篇，随着一件件“倒霉事”的接连发生，我走进了戴维的内心世界，从陌生到熟悉，从排斥到接纳，不知不觉间喜欢上这个胆小且有些执拗，羞涩又无比善良的少年。

在父母的眼中，青春期是颇为神秘的人生阶段，这时的孩子不可理喻、难以沟通，就像《麦田守望者》里的霍尔顿，总是以玩世不恭、离经叛道的姿态挑战大人的权威，看什么都不顺眼，显得与整个世界格格不入。但如果认真聆听他们内心深处的声音，会发现他们真诚而可爱的另一面——坚硬带刺的外表之下是对被认可、被接纳的无限渴望，有着自己的坚持、目标与梦想。而以青少年为主角的文学作品，其实大多是这样，聚焦一颗颗敏感、骚动、不安分的心灵，生动地展示出不平静的青春生活，让我们重新看待他们，也重新审视自己。所谓青春期的教育秘密，就蕴藏其中。

的确，戴维身上有许多青少年的共同特征，其身上也有着青春期的教育密码。作者埃米莉·切尼·内维尔以引人入胜的笔触，将人物的情感刻画得极其细腻，心理描写和人物对话也都很有吸引力。整个故事用第一人称展开，结构紧凑、节奏感强、一气呵成，仿佛有一种魔力的牵引，让我们一打开书即化身为主人公，怀着“叛逆”的心态，陷入说不清道不明的复杂情绪，沉浸在与父亲的对抗、对成人世界的不屑之中，同时又对友谊产生莫名的渴望，对幼小的生命报以深深的依恋。

以小生命出场的“猫咪”，在整个故事中扮演着不可或缺的角色，它既是戴维与父亲对抗的新的源头，也是戴维受伤心灵的慰藉，更是帮助戴维展开社交的重要媒介。实际上，戴维与父亲的和解，对自己的重新体认，与朋友的相识，真正了解成长的奥秘，也是因为“猫咪”。很大程度上，名为“猫咪”的猫起到了帮助戴维、父亲等打破刻板印象的作用。最终让戴维明白，是爱的付出，是责任担当，是全心记挂所爱的人，让他们得以走出生活的阴霾乃至心灵的困顿，让他们自在地走在阳光之下。而这也是这部小说想要传达的主旨之一。

什么是爱？爱不是控制或顺从，不是试着改变对方，而是让对方坦然做自己，成为自己希望的样子，一如英文书名的含义。有趣的是，现实中的很多父母总想把自己的意念强加于孩子身上，以为这才是最好的育儿方式。殊不知，每个生命原本的样子就很完美，接纳、呵护、祝福对方，才是最好的相处之道。一旦把所爱之人看作独立的个体，尊重其选择、立场和价值观，就会发现彼此之间关系开始缓和，前面的路途瞬间变得明亮，生命所固有的自由、奔放气息也就扑面而来。

解开这个心结，达到这种状态，需要认知上的转变，需要有“猫咪”这样的催化剂。在故事里，借助“猫咪”的穿针引线，我们得以听到戴维内心的呐喊，了解其心底的诉求，知道如何做一个懂教育的父母；对青少年而言，在与戴维共情的过程中，也会渐渐懂得如何摆脱生活中的各种困惑，穿越成长过程中的重重篱障，处理好与父母、朋友乃至其他成年人之间的关系，从而找到快乐积极生活的终极答案。

张贵勇

文学博士、亲子教育作家

首都师范大学教育学院特聘讲师

目录 Contents

第一章

猫咪和凯特阿姨

我爸爸总是说养狗对男孩子很有教育意义，而这就是我最终养了只猫的原因。

我爸爸的话很多，也许这就是律师的职业病。他个头矮小，还有一头稀疏的灰色鬈发。他经常咆哮，可能只有这样才能弥补他不是头发浓密的大块头硬汉的缺憾。我妈妈身体瘦弱，很安静，只要有什么事情让她烦心，她的哮喘就会发作。我们位于纽约市中心的家里没有厚重的窗帘和地毯，妈妈也从不做任何油炸食物，因为医生认为灰尘和油烟会加重她的哮喘。我认为这不关灰尘的事，爸爸的咆哮才是罪魁祸首。

我之所以养猫，是因为一场父子间的争吵。我给住在格拉梅西公园转角处的一个小男孩当临时保姆，赚了些外快。我用这笔钱买了一张贝拉方特[①]的唱片。这张唱片里有一首歌，写的是一个父亲和儿子谈论青春期话题的故事。我觉得这首歌很有意思，可爸爸听了却大发雷霆。

“你不许在这个家里听这种东西！”他咆哮道，“你为什么不出去？当临时保姆！听咿咿呀呀的唱片！我像你这么大的时候，已经能靠送报纸赚钱了。在一个美好的星期六，我和我的狗杰夫跑了十几英里[②]去追兔子。”

“爸爸，”我耐心地回应，“第三大道上没有兔子，真的没有。”

“别没大没小！”爸爸猛地拽出唱片机的插头，唱片都开始跳针了，而这很可能会毁掉我的唱片。我也很生气，于是开始大喊大叫。几个回合之后，我们都听到妈妈在厨房里快速喘气的声音。

---

① 哈里·贝拉方特，美国著名歌手、演员，曾获得美国国家艺术勋章等荣誉。——译者注

② 英美制长度单位。1 英里 = 1.6093 千米。——编者注

爸爸生气地低吼："瞧你干的好事，惹你妈妈生气了！"

我砰的一声关了唱片机，抓起球棒和球，一口气跑下三层楼来到街上。

这不是我和爸爸第一次上演这一幕，而且我们的争吵已经有了固定模式：每次我生气地冲出家门，就会径直去凯特阿姨家。她其实并不是我的阿姨。附近的孩子都叫她"疯狂猫女凯特阿姨"，因为她总是穿着奇怪的旧衣服和运动鞋走在街上，边走边自言自语。她还会和六只或更多流浪猫住在一起。我猜她听起来的确有点疯疯癫癫，但那只是因为她按照自己的方式做事，根本不在乎别人怎么想。她肯定是清醒正常的。事实上，她比我爸爸更通情达理。

我第一次见到凯特阿姨是在三四年前，那时我还是个孩子，和爸爸吵了一架后，我气得哭着跑下楼。我跑出门，看也不看地冲到街上。这时，我听到了尖锐的刹车声，紧接着感觉到有人拽着我的后脖领儿把我拉了回去。我摔倒在人行道上。

我抬起头，看见一辆挂着医学博士牌照的锃亮的黑色汽车停在我面前，而凯特阿姨正一边朝司机挥动雨伞一边喊道："听着，大人物医生，你赶着救谁的命啊？你连一个哭着过马路的小孩都看不见吗？"

医生看起来很尴尬，我也一样。人行道上有几个行人停下来看热闹，冲着我们偷笑。我们公寓楼的看门人布奇也在，正用手指对我指指点点。凯特阿姨朝他点头示意，告诉他，她要把我带回家，帮我收拾干净。

"好的，女士。"布奇回应道。他对所有女性都说"好的，女士"。

凯特阿姨拽着我的手，把我带到了她的公寓。我们到那儿的时候她什么都没说，就让我和几只小猫一起坐在椅子上。然后她给我倒了一杯茶，递给我一碗白软干酪。

我停止哭泣，开口问道："我应该把白软干酪抹在什么上面吃呢？"

"不用抹在任何东西上面，直接吃。你应该每天吃一碗。给，再吃个橘子。但不要吃饼干和糖果，含淀粉的、甜的食物都别吃，也别吃青豆。那些东西对你没好处。"

我当时一定瞪大了眼睛，但我想我认识她的第一天就意识到了不能和凯特阿姨吵架。我吃了白软干酪，它没有什么怪味，而且我肯定自己一直认同她对青豆的看法。

从那以后，我经常见到凯特阿姨。我在街上遇见过她，当时她正和一只躲在车底的脏兮兮的老流浪猫聊天，这只猫总会钻出来任由她抚摸。有时会有一群小孩子围着她蹦蹦跳跳，嘲笑她，叫她巫婆。我会帮她把孩子们赶走，这让我感觉很好，同时也让我也觉得自己很重要。

我经常和凯特阿姨一起去连锁超市，帮她把猫粮、白软干酪和水果拎回家。在超市里她总是自言自语，如果她觉得那天的桃子或瓜不太新鲜，她还会冲着站在远处的门店经理大喊大叫。为了息事宁人，经理会走过来，亲自为她挑一个特别新鲜的水果。

我把凯特阿姨介绍给妈妈认识，她们相处得十分融洽。凯特阿姨对大多数人都很警惕，我猜是因为害怕他们取笑她，而我妈妈对别人则没有什么戒心。我妈妈很害羞，加上她有哮喘，又担心我和爸爸不能和平共处，所以她很少出门，也不怎么和外人来往。她和凯特阿姨会在商店里聊天，阳光明媚的日子，她们还会一起坐在公寓楼门口的台阶上晒太阳。凯特阿姨对妈妈的哮喘不以为意，说她如果每天吃干酪就会好起来。妈妈真的吃了一阵子白软干酪，但她还拌了蛋黄酱一起吃，凯特阿姨可是认为蛋黄酱就像毒药。

再说回因为贝拉方特的唱片和爸爸吵架的事。那天外面很冷，还刮着风，街上看不到一个孩子。我把球朝着墙壁来回猛扔，墙上写着“禁止玩球”，我这么做只是为了放松一下，发泄一下怨气。后来我就跑去找凯特阿姨了。

凯特阿姨常年养着一只名叫苏珊的母猫，不论苏珊生过多少小猫，她都养着它。苏珊生下的每窝小猫的爸爸都不一样。公寓里通常还有其他临时落脚的小流浪猫，但我从没在这里见过任何猫爸爸。今天，苏珊和它的小猫们全都躲在炉子边，一只虎斑公猫蜷卧在沙发下，苏珊一直恶狠狠地冲它发出嘶哈的声音。而那只公猫只是扭过头去，看起来从没想过要介入它们的家庭生活。它虽然是流浪猫，却毛色光亮，看起来很健康。每次只要它动一动胡须，苏珊就会朝它发出嘶哈的警告声。苏珊肯定认为小猫的父亲一方不享有探视权。

凯特阿姨给我倒了杯茶，问我发生了什么事。

“和以前一样，我爸爸又发火了。”我说道。

“一个巴掌拍不响。”凯特阿姨的评论让我无言以对，我赶紧转移话题。

“小猫的爸爸怎么会在这里？我从没在这儿见过成年公猫。”

“它看见我买猫粮罐头，就跟着我回家了。苏珊不承认认识它，也不承认想要认识它。我会给它喂些吃的，然后把它送走。它可真是个帅小伙呀。”凯特阿姨揉了揉公猫的头顶，它转了转脑袋。苏珊又嘶哈低吼起来。

沙发下面的公猫开始往更靠后的地方挪动。我想也没想——也没给它时间思考——一把抱起它。苏珊立刻拱起身子，发出怒吼。我能感觉到公猫绷紧了肌肉，准备从我腿上蹿下去。随后它突然改变主意，好像决定好好享用一下我的腿。它眯起眼，满不在乎地瞥了一眼苏珊，然后转头盯着我看。在仔细打量了我一番后，它就假装转过头去舔它的后背。

“猫咪，”我对它说，“和我一起回家怎么样？”

“哈！”凯特阿姨笑道，“你还来不及提及‘好样的老杰夫’，你爸爸就已经一把把它扔出家门了。”

“是吗？”我一边思考一边慢慢回应。把猫咪带回家原本只是一时冲动，但现在我决定要认真和爸爸谈谈这件事。他有“好样的老杰夫”和追兔子的事可以回味，而我要养我的“小老虎”。

凯特阿姨给了我一罐猫粮和一盒猫砂，这样猫咪就可以待在我房间里了，因为我记得动物也有可能让妈妈的哮喘发作。我就这样把猫咪带回了家。

回到家，爸爸火冒三丈，对着我怒吼不止，而我只是把猫咪放进我房间里，尽量不和他争论，避免自己发脾气。我向他保证会把猫咪关在我的房间里，并且会清理猫毛，不用妈妈打扫。

最后一阵咆哮过后，爸爸说道：“我想你现在要开始练习追老鼠了。你打算给这个了不起的家伙起个什么名字？”

“你瞧，爸爸，”我解释道，“我知道它是只猫咪，它也知道自己是只猫咪，它的名字就叫猫咪。哪怕你叫它尊敬的约翰·菲茨杰拉德·肯尼迪[1]，它也不会搭理你，不会舔一下你的手，对吧？”

“它最好不要搭理我！我也不想我的手被它舔，哪怕一下也不行。”爸爸回应道。

“没问题，没问题。”

说实话，爸爸有时候唠叨个不停真让人难受，其实他如果直接给我一拳，我会更好受，但他从来没有这么做。

那天我和爸爸打了个平手，我留下了猫咪。

---

① 约翰·菲茨杰拉德·肯尼迪（1917—1963），美国前总统。——译者注

第 二 章

猫咪和地下室

猫咪很快就开始在我房间里自由自在地生活。大多数时候它都喜欢躺在高处的某样东西上，于是我把一件旧运动衫铺在床头柜上，它自然而然地睡了上去。每当它早上想叫醒我时，就会不偏不倚地跳到我的肚子上。相信我，猫并不总是轻巧跳落，它们只有在愿意轻巧的时候才会轻巧。猫只会做自己想做的事。我喜欢它们这一点。

早上我梳头时，它有时会蹲在高处，低头看着镜子里的我。它似乎在对我评头论足："嗯，龅牙；沙质头发，前面服帖，后面乱蓬蓬；棕色的眼睛，黑暗中什么也看不见，一文不值；下巴上有痘印。太糟糕了。"

我对着镜子里的它说："好啦，黑脸、黄眼、白胡须。你从哪儿弄来的那撮白胡须？"

它看了看镜子里的自己，立刻抖了抖尾巴。它好像知道那不是一只真正的猫，但它还是伸出爪子，轻轻拍了拍镜子，来确认一下。

我躺在床上看书时，它有时候会蜷卧在我的膝盖和书之间。但过了几天，我发现它越来越焦躁不安。它抓挠地毯的声音吵得我都没法好好听唱片了。我不能让它在家里随意活动，至少在我确定妈妈不会因此哮喘发作之前不能，于是我想最好还是让它重新回到户外。4月的一个星期天，天气很晴朗，我们下楼一起坐在大门口的台阶上。

猫咪蹲坐下来，姿势笔挺，呈现出圆润的梨形身材。它半眯着眼，偶尔瞥一眼街道，好像这条街对它来说还不够好。过了一会儿，它纡尊降贵似的走下台阶，在人行道正中间找了个阳光充足的地方，就这么躺在了满是灰尘的地上。路过的行人都得绕着它走，而它则斜睨着他们。

然后它突然快速站起身，回头张望了一下，什么也没有，但下一秒它就径直冲着通往地下室的楼梯蹿了过去。我想看一看它要去哪里，只见它低着头慢慢朝后院走去，仿佛一只潜行的老虎。我准备继续晒晒太阳，看完科幻杂志后再过去找它。

我过去的时候，它已经不见了，看门人告诉我它跳上了墙，估计是跳到另一个院子里去了。我四处找了找，叫了它几声，但它还是没出现，我就上楼吃午饭去了。傍晚的时候，猫咪用爪子挠门，我把它放进屋，它熟练得似乎生来就会这一套。

后来，这成了例行公事。有时候它甚至连晚上都不回家。早上我去取牛奶的时候，会看到它坐在门垫上，满脸的不高兴。

“难道你整晚不回家是我的错?”我问它。

它把尾巴竖得笔直，穿过走廊来到厨房，等着我打开牛奶，倒好猫粮。吃饱喝足后，它就睡觉去了。

一天早上，我出门时发现它不在门口。我放学回来，它还没出现。我开始担心它，就下楼去问布奇。

“这个嘛——”布奇说，“那只猫有时候会坐下来和我说说话，但大多数时候它会去 21 街，坐在那儿和它的女朋友聊天。昨天晚上降温了，很多大厦都开了暖气，关闭了地下室。也许它被锁在什么地方了。”

“它的女朋友住在哪栋大厦?”我问。

“46号大厦，高的那栋。它的女朋友是一只黑白相间的猫，好像是那栋大厦的清洁工养的猫。我见过他喂它吃的。”

我跑到21街，找到46号大厦，那是一栋外观相当漂亮的大厦，大门口装着带条纹的遮阳篷，看门人每隔几分钟就会在门口巡视一番。

我正在大厦前观望，一个杂货店伙计推着手推车走过来，然后抱着一箱东西走下楼梯，进入地下室。我灵机一动，准备趁他搭地下室的电梯上楼的时候，溜进地下室找猫咪。如果有人发现我且生气了，我就像以前一样装傻。

我往下走，一路上没有遇到任何人。电梯升上去了，我轻手轻脚地穿过一个大房间，里面放着房客们的婴儿车和自行车。这个房间后面是几条走廊，走廊天花板上吊着几盏20瓦的灯泡。走廊里几乎什么也看不清。走廊两旁是金属储物笼，里面放着房客们的旅行箱、旧婴儿床和鹦鹉笼等杂物。所有储物笼都上了锁。

“喵——呜，喵呜，喵——呜！”一听就是我的猫咪的声音，听起来它好像很生气。

叫声从一条走廊的尽头传来，我摸索着往前走，仔细检查每个笼子，希望能在黑乎乎的笼子里看到一只虎斑猫。幸好它的眼睛在黑暗中闪闪发光，而且它又叫了一声“喵呜”，于是我还没走到走廊尽头就看到它被锁在一个笼子里。我不知道它怎么进去的，也不知道该怎么把它弄出来。

我正想着该怎么办，猫咪的目光迅速从我身上扫向右边，然后又扫回来。猫咪没有发出任何声音，我也没有，但有别的什么东西发出了声音。那是轻微的沙沙声，或是呼吸声，我顿时感到毛骨悚然——附近站着一个人。在地下室的尽头，一个影子微微移动了一下，我可以看到一团白色，那是一张人脸。那是个男人，他正朝我走来。

我不知道为什么大厦管理员会从那里走过来——反正当时我以为他是大厦管理员，于是我开始解释。

“我只是想找我的猫……我是说，它被锁在一个笼子里了。我只是想把它弄出来。”

听了我的话，那家伙缓缓地吐出一口气，好像憋了很久似的。我才反应过来他不是什么管理员，而且他也一直害怕被我发现。

他朝前走了几步，轻声说：“嘘——”他比我高，我看不清他的真实长相，但我敢肯定他也是个孩子，也许 18 岁左右。

他看着笼子上的挂锁说：“哈，简单！”然后他从口袋里掏出一个回形针，把它拉直——我想他可能还随身带着一把小刀。紧接着，挂锁被打开了。

“哇，你是怎么做到的？”

“嘘——有个家伙教我的。你最好抱着你的猫赶紧离开。”

天哪，我心想，这家伙也许是个小偷。我又是一阵心惊胆战。但是，小偷会浪费时间帮小孩救一只猫吗？

“嗯，谢谢你救了我的猫。再见。”我说道。

“嘘——我不住在这附近。赶紧走，不然我们俩都要被逮到。”

我怀疑他也许真的是小偷，甚至还带着枪。我绕过电梯，走出地下室，4月的寒风吹过，我背上的汗水仿佛都被冻住了。我好好教训了猫咪一顿，让它远离地下室。毕竟，我不能指望每次身边都出现个小偷把它救出来。

回到家，我在唱机里放上好听的监狱蓝调[①]唱片，然后和猫咪一起躺在床上，边听音乐边思考。那家伙看起来不像小偷。而且，他说话也不像没文化的痞子。也许，真正的小偷并不都像电视里的小偷那样说话。可是，他的确很快就撬开了那把锁，而且他去地下室肯定有原因。

我觉得应该把这件事告诉其他人。我想，可以试探一下爸爸，装作不经意地提起。“有些看起来很奇怪的人在附近乱晃。”我在吃晚饭的时候说，“今天下午，我看见一个长得很凶的家伙在46号大厦附近转来转去。他可能是个小偷。”

我以为爸爸至少会问我那个家伙当时做了什么，这样我可能就会把所有的事情都告诉他——关于猫咪被关进笼子的事。但是爸爸只是说：“怕你不知道，提醒你

① 内容与监狱生活相关的蓝调音乐。——译者注

一下，不是每个小偷都长得像汉弗莱·鲍嘉[1]，而且他们身上也不会戴块牌子说自己是小偷。”

“谢谢你的提醒。”我说，然后继续吃饭。即使爸爸让我不痛快，我也不会放弃牛排和洋葱——我们家可不常做这道美味。

然而，第二天我走到21街的时候，看到46号大厦的管理员正站在大厦后门，我就想再试探一次。我对他说：“昨天我们一群小孩在这里打球，看见一个陌生的家伙偷偷溜进了你们的地下室。但他不是快递员。”

“是吗？你确定不是你或者你的小伙伴想偷自行车？不然你们为什么非得在这里打球？”

“我才不偷自行车。我有自行车，还是辆新车，兰令牌[2]的，比你们地下室的那些垃圾强多了。”

“你怎么知道我们地下室里有些什么，小滑头？”

---

① 汉弗莱·鲍嘉（1899—1957），美国著名男演员，曾获得奥斯卡金像奖最佳男主角奖等荣誉。他经常出演匪徒、恶棍等反派角色。——译者注

② 1887年创建于英国的国际知名自行车品牌，因其车标与凤凰的头相似，国内也称其为凤头牌。——译者注

“哦，算了。”我感觉到他开始怀疑我了。这就是做个有公德心的好公民的下场。现在我觉得那个小偷——管他是谁，反正比管理员好多了，我希望他能大赚一笔。

第二天，我发现他好像真的大赚了一笔。当地报纸《城市和乡村》上的一则新闻的标题是《格拉梅西公园大厦地下室遭洗劫》。我看了整篇新闻报道：

> 一名路过的男孩向大厦管理员弗雷德·斯努德先生暗示大厦内发生了盗窃案，于是管理员进入地下室检查储物笼。他发现一个笼子的门开着，里面有个手提箱不见了。警方推测，那个男孩可能就是小偷，也有可能是心怀愧疚或对同伙怀有怨恨的帮凶，他们正在四处搜捕这个男孩，想要对其展开讯问。斯努德先生说这个男孩大约 16 岁，中等个头，留着长长的“鸭尾发[①]”，穿着一件厚厚的黑色运动衫。

---

① 流行于20世纪50年代的一种男士发型，将两侧的头发向后梳，发尾在后颈处翘起。——译者注

与此同时，警方还在二手商店寻找被盗的手提箱。

小偷偷走的手提箱里装着价值不菲的证券，以及一些银器和珠宝。但是警察要找的那个男孩——我看完报道，脸都绿了。那个人就是我。我站起身照了照镜子。这种情况下，我很庆幸自己被看成16岁，而不是实际的14岁。我捋了捋头发，斜眼看了看后脑勺。鸭尾发就是很时髦嘛。

我慢慢脱下黑色运动衫，我确实经常穿着它，把它塞进最下层的抽屉，藏在我的泳裤下面。但如果我不想走在街上见到一个警察就提心吊胆，我必须做更多的事情。我穿上一件衬衫，打上领带，套上西装外套，还戴了顶帽子。然后我坐地铁往上城①去。我在68街下了地铁，找到一间理发店。

“剪个板寸头。”我对理发师说。

---

① 纽约的“上城”指北部，即哈得孙河上游地区。反之，“下城”指南部，即哈得孙下游地区。——编者注

“没问题，我会给你剪得整齐又有型，把这些多余的头发全剪掉。”

理发师喋喋不休的时候，我不得不眼睁睁看着辛苦留了3个月的头发被“一剪没”。头发一缕一缕掉落在地上，而我还不得不为此付钱。回到家，我和往常一样受到爸爸的冷嘲热讽。爸爸看着我这身常春藤盟校①的打扮，揶揄道：“哇，你也有看起来人模人样的时候哇！”

两天后，我发现我根本用不着剪掉头发。《城市和乡村》又刊登了一则新闻：“地下室小偷返还失窃物品时被捕。小偷供述：‘只是打了个赌。’”

事情的缘由十分有趣。我在地下室遇到的那个人叫汤姆·兰塞姆，他今年只有19岁，在城里到处闲荡。他似乎没有任何家人。案发后警察派人监视着46号大厦，没过多久，他们就看到汤姆提着偷来的手提箱出现在大厦附近。他把手提箱扔进大厦的送货通道入口，然

① 原指美国东北部8所私立研究型大学组成的体育联盟，现泛指这8所大学组成的精英大学联盟。——译者注

后继续往前走。这时，警察抓住了他。我猜想，如果不是我在大厦管理员面前走漏风声，警察就不会在附近监视。这让我觉得我得对汤姆的被捕负点责任。

新闻报道还说这个男孩当时身无分文，正在找工作，有群家伙说他不敢去地下室偷东西，最后他们赌了10美元，他就溜进地下室偷了东西。他从地下室出来后，发现手提箱里有很多证券、法律文件和银餐具，被吓坏了。于是，他想把箱子扔回原来的地方。报纸还说他要被送上少年法庭，接受地方法官的审讯。

我不由得想，他们会因为这件事就把这个男孩送进监狱吗？如果他们把他放了，他接下来该怎么办呢？他在这个城市没有任何家人和朋友，一定会过得很糟糕。

我脑子里突然冒出了一个想法，我要给他写一封信，毕竟是我和猫咪连累了他。我先是查到地方法官的名字，又花了大约半个小时在电话簿的“纽约市”条目下找到了相关地址。我琢磨了一下应该直接称呼他“汤姆”，还是“兰塞姆先生”。最后我写道：

亲爱的汤姆·兰塞姆：

我就是你在格拉梅西 46 号大厦地下室遇到的那个孩子，非常感谢你打开那个笼子，把我的猫救了出来。猫咪现在很好。我很抱歉你惹上了警察。在我看来，你只是想把东西还回去，你做得很对。我的父亲是律师，如果你想请律师可以考虑一下他。我觉得他是个不错的律师。如果你想写信给我，我的地址是：东 22 街 150 号。我在报纸上看到你的家人都不住在纽约，所以我想你可能想找个能通信的人交流。

诚挚的

戴维·米切尔

现在，我又是个自由公民了。我翻出那件黑色运动衫，厌恶地看看自己的板寸头，然后出门寄信去了。

寄完信，我又去 21 街玩了会儿棍球游戏①。这时，

① 一种类似棒球的街头游戏。——译者注

猫咪走了过来，坐在街对面屋子门口的台阶上，既可以欣赏球赛，又可以看到温顺的狗被主人用狗链牵着跑。而那个脑袋很大的46号大厦管理员，正站在送货通道入口，像往常一样板着一张脸。

“最近你们地下室还有小偷吗？”当我打出一记长线球，慢悠悠地跑垒时，我朝着他大喊道。

他看着我，打量着我的短发，然后挠了挠自己光秃秃的脑袋，疑惑地问道：“我在哪儿见过你吗？”

“哦——我和猫咪，我们常在附近溜达。”我答道。

第 三 章

猫咪和科尼岛[1]

从我记事起，尼克和我就是好朋友。我们的妈妈过去经常轮流去幼儿园接我们回家。尼克家在第三大道拐角处，他爸爸在楼下开了一家杂货店。如果有人问我为什么我们会成为朋友，我也说不清楚。反正我们大部分时间都待在一起。

我们俩都不擅长运动，但我们经常一起滑旱冰、玩过家家、玩棍球，或者骑上自行车到处探险。我们俩大约 10 岁的时候，有一次沿着哈得孙河边的第十二大道，

① 美国纽约市布鲁克林区的半岛，以休闲娱乐闻名。——译者注

一直骑到了玛丽王后号停靠的码头。我记得那好像是妈妈唯一一次真正生气。她说爸爸应该收走我的自行车，爸爸真的照做了，不过只收走了一个星期。尼克和我仍然经常骑自行车，要不然我们俩就待在家里写作业、下棋或听音乐。

我们成为朋友的另一个原因是住在街角的那个让人头疼的小孩乔伊。他家就在我家和尼克家之间。他总爱缠着我们，想和我们一起玩，当然，最后他总是搞砸游戏，或是输掉游戏，然后放声大哭。这时候他那大块头的哥哥就会冲过来，通常后面还跟着另一个大块头。他们觉得为了伤心的小乔伊揍我们一顿理所当然。

后来，乔伊成了望风的，只要我和尼克出现在他们家那片街区，其中一个大块头哥哥就会出来把我们赶走。他们会玩各种小花招，比如把木棍插进我们的自行车的车轴里，假装只是在开玩笑。我和尼克想过各种方法报复他们，但最后我们认为最简单的做法就是绕点路，避开那片街区各自回家。我不经常打架，尼克也是，尤其是不和个头比我们大的家伙打架。

每到夏天，这个国家的小孩似乎都在摔来摔去、打来打去，一半是出于好玩，一半不是。如果我遇到某个年纪和我差不多大的陌生小孩，后者几乎总是想挑衅我打一架。我可不愿意，也许是因为在人行道上打架不合适，而且我们总不能因为好玩就打架吧。我仅有的几次打架，是因为我真的被气坏了。

到了春天，我和尼克经常在街上四处闲逛，除了打打棍球、逗逗 46 号大厦的管理员，整天无所事事。那个管理员太容易生气了，一点都不好玩。猫咪也没再去过那个地下室，我想让它真正在外面待着，可以自由自在地追追松鼠什么的。

一天，我们骑车去中央公园。我把猫咪放在带盖的柳条篮里，把篮子绑在自行车后面。它一路上喵喵叫个不停，引得路人纷纷朝我看过来。直到听清它的叫声，他们才恍然大悟。

我们进入中央公园，来到一个被大家叫作“马蹄铁”的地方，这片停车区域的形状就像一块马蹄铁。我把篮子的盖子掀开一条缝，朝里面看去。猫咪朝我嘶哈低吼，这是它第一次吼我。我环顾四周，心想：天哪，如果我把它放出来，它就会到处乱跑，甚至会跑到树林里去，我可能再也抓不到它了。这周围有很多小混混一样的孩子，我敢打赌，如果我扔下自行车去追猫咪，他们就会抢走我的自行车。于是，我没有放猫咪出来。我狼吞虎咽地吃完三明治，就催着尼克一起回家了。尼克对此非常不满。

到了5月的第一个星期六，天气很热，我突然冒出一个想法。我跑去找尼克，对他说："我们用篮子带上猫咪和三明治，坐地铁去科尼岛吧。"

尼克问道："为什么要带猫咪？上次就是因为它才没玩成。"

"我想带它到处走走，这次不会像去中央公园那次了。这个时候科尼岛上没什么人。它可以在海滩边随便乱跑，追螃蟹玩。"

"我为什么非要为了朋友自找麻烦？"尼克抱怨道。

"去吧，去吧，放心，我会把三明治放在我的口袋里，不会放在什么旧猫篮里。"

"谁在乎你把你的破三明治放哪儿啊！"

于是，我们出发了。可能很多人以为科尼岛很糟糕，到处都是看起来很简陋的摊位和广告牌。但如果你不看这些景象，转头看向大海，就会发现那里和在无人的海滩上看到的大海一模一样。我踢掉鞋子，光脚站在冰凉的海水中，阳光把我的胸膛照得暖烘烘的。眺望海面，可以看见几艘船，一群海鸥，还有飞机飞过头顶。我心里默念：大海属于我，这一切都属于我。我可以去世界上的任何地方，我可以。也许，我真的会去。

尼克把水灌进我的衣领。他只能理解数学课本上说的那种“无限”。我把猫咪从篮子里放出来，脱下湿淋淋的衬衫，沿着海边追逐尼克。不必担心猫咪，它就在我们后面追着跑。每次海浪沾到它的脚爪，它就会嘶哈怒吼，飞快逃向海滩。然后，它在热乎乎的干燥沙子上打滚，再站起来把毛上的沙子抖落干净。海滩上零星可见其他几群人。一只体形庞大的杂种狗走过来嗅了嗅猫咪，结果被猫咪左右开弓抓了两下鼻子，呜咽着逃开了。猫咪还发现了螃蟹，我和尼克则在海滩上摔打翻滚。过了一会儿，我们都感觉有点饿了，于是回到放篮子的地方。猫咪温顺地让我抱着它走。

三个女孩正在我们的篮子附近野餐，其中一个朝另外两个嚷道：“嘿，快看！那个男孩抱着一只猫去游泳！”

猫咪从我怀里跳了下来，转身背对着她们。它在我的运动衫上弓起背，伸了伸懒腰，然后就躺下小憩。我也转身背对那三个女孩，看向大海。

要是一年前碰到她们，情况可不会是现在这样。如果是一年前，我和尼克要么会主动离她们远点，要么会朝她们扔沙子。

现在我们只是坐着吃三明治。尼克不时朝她们看一眼，然后小声让我猜她们多大。我可看不出女孩的年龄。在学校里，我们班有些女孩看起来有 25 岁，而大街上一些推着婴儿车的妈妈看起来却只有 15 岁。

其中一个女孩发觉尼克在偷看她们，咯咯地笑了起来。她喊道："嘿，你，看什么呢？"

"我是观鸟爱好者，"尼克答道，"你们看见什么鸟了吗？"

女孩们慢慢走了过来。最先开口说话的那个女孩有一头红发。另一个女孩看起来像是她们中的大姐大，金发碧眼，身材高大，穿着很短的裙子，头发被高高盘起，像个鸟窝。也许这就是尼克刚才说"观鸟"的原因吧。第三个女孩一头褐色头发，看起来比较文静。

“你们想尝尝纸杯蛋糕吗？可以吃我的那份。我正在节食。”金发女孩说道。

“谢谢，”尼克回应道，“我正在想要不要买点可乐。”

“浪费时间想这个干吗？会伤脑子的。”红发女孩说道。

第三个女孩俯下身，非常温柔地抚摸猫咪的脑袋。她问道：“它叫什么名字？”

我向她解释了为什么猫咪就叫猫咪。她坐了下来，捡起一根海藻在猫咪鼻子前晃着玩。猫咪睡眼惺忪地抓了几下，然后就在她继续抚摸它的时候，长长地伸了个懒腰。其他人也开始聊天，我们交换了名字、在哪里上学等信息。

后来，尼克又聊回可乐的话题。我真的不想这样跟女孩们聊天，于是主动提出去买可乐。我让尼克看好猫咪，那个正在抚摸它的女孩说道：“别担心，我不会让它跑掉的。”

幸好有她在，因为等我提着可乐回来时——这些可乐全是我付的钱，没人给我钱——尼克和另外两个女孩已经去海边玩了。玛丽——这是她的名字——说道：“我以前从没在海滩上见过猫，但它似乎很喜欢这儿。

你从哪儿弄到它的？”

“它是一只流浪猫，是我从一个爱猫成痴的老太太那儿抱回来的。来吧，我看看能不能让它给你表演一个逐浪，它之前就这么玩过。”

我们俩在海浪中奔跑，其他人也走了过来。那个金发高个子女孩一边朝我踢水，一边喊道：“来追我呀！”

于是，我追了上去。就在我快要追上她的时候，她突然停了下来，我一头撞上了她的后背，我们俩一起摔倒在地。她好像是故意这么做的，我打赌其他人都看到了这一幕，我觉得自己像个傻瓜。我翻身站起来，回去找猫咪。

我们喝可乐的时候，金发女孩和红发女孩说想去看电影。

“现在正在上映什么电影？”尼克问道。

“附近在放西纳特拉①演的电影。”金发女孩回答道，她看起来对此很感兴趣。

---

① 弗兰克·西纳特拉（1915—1998），美国著名歌手、演员。——译者注

“我不能去，”我说道，“我带着猫咪。而且，现在太晚了，我妈妈会以为我掉进地铁里了。”

“我就说带猫来是个错误。”尼克说道。

“你可以把猫放在篮子里，还可以给你妈妈打电话，就说你的手表停了，让你看错了时间。”红发女孩一边出主意，一边走过来向我衣领里灌沙子。“来吧，看电影肯定很有趣。我们不用坐在儿童区，我们看起来都像 16 岁。”

“不，我不能去。”我站起身，抖掉身上的沙子。

尼克满脸写着不高兴，但他不想一个人留下来。他对金发女孩说：“把你的电话号码写给我，等这个家伙没带猫的时候，我们再一起去看电影。”

金发女孩写下电话号码，红发女孩则噘着嘴，一副气鼓鼓的样子，因为我没问她要电话号码。女孩们准备离开，玛丽拍拍猫咪和它道别，并朝我挥了挥手，说道：“下次还要带它来哟，它很可爱。”

我们坐上地铁，猫咪因为被关在篮子里而生气地大声叫。尼克用脚踢了踢篮子。

“闭嘴，讨厌鬼。”他抱怨道。

第四章

打架

我真的收到了汤姆·兰塞姆的回信。他在信里说："谢谢你的来信。青少年委员会给我在23街的Y楼安排了一间屋子。也许有一天我会去见你一面。他们会在夏天帮我找份工作，所以我不需要律师。不论如何，还是要谢谢你。替我向猫咪问好。祝好，汤姆。"

我去尼克家给他看这封信。我告诉过他汤姆帮忙把猫咪救出了地下室，以及汤姆被捕的事，但尼克总是半信半疑的模样。他看到这封信，终于接受了我和猫咪遇到过麻烦的事实。毕竟，不是随便哪个人都能收到被逮捕的人的来信。

尼克有一点让我很不爽：他凡事都爱出谋划策插

一手。如果我做任何事之前没有和他商量，他就会不遗余力地挑刺。而且，总是我去他的家，他几乎不会来我的家，除了很久前的一次，我买了一张新唱片不肯带去他家听，因为他的唱片机有问题，而他一直不愿意买新唱针。

我不是不喜欢去他家。他妈妈人很好，而且，天知道她厨艺有多好！哪怕是一个普通的星期六，她也会做比萨或超级美味的意大利面当午餐。放学后，她还会做饼干和坚果蛋糕。虽然她也爱唠叨，也会扬起手臂大声命令我们这些孩子，但总的说来她还是和蔼可亲的，所以我们总是愿意敷衍一下她，然后继续干我们的事。

她和我妈妈的性格完全相反。我们家是我爸爸喜欢大呼小叫，我妈妈就只是在我骑车去第十二大道的那次吼过我，她平时甚至不会要求我做什么。她很安静，经常不舒服，所以我可能比大多数孩子更听妈妈的话，我觉得我不应该让妈妈操心。

我妈妈还总是待在家里，如果你有什么烦恼，她总是愿意听你倾诉。比如老师误会你做了某件事而批评你的时候，我认识的一些孩子得打一连串的电话才能找到他们的妈妈，而且他们的妈妈还会因为他们打扰了自己而责骂他们。

我妈妈也喜欢做饭，会在假期做一桌美味的饭菜，但她不像尼克的妈妈那样经常下厨。也许尼克不来我家是因为我家没有那么多好吃的，但我觉得原因不是这个，他只是喜欢在自己家当老大。

我们从科尼岛回来几个星期后的一天，放学后他要和我一起回我家。我们先在他爸爸的店里买了几瓶可乐和一些梨子。

来到我家门口时，猫咪正坐在门口的台阶上。看见我回来，它就从台阶上跳下来，在我的两腿中间蹭了蹭，然后走在我们前面上了台阶。

“看到了吗？它知道我放学的时候就是它吃饭的时候。这就是我喜欢回家的原因。”我对尼克说道。

我们和我妈妈打了声招呼，然后我给猫咪准备猫粮，尼克开了瓶可乐。“你还记得在科尼岛遇见的那几个女孩吗？”他问道。

“嗯。”

“你知道我记下了那个金发女孩的号码吧，上个星期天我在外面乱逛，闲得无聊就给她打了个电话。”

“啊？为什么要给她打电话？”

“你是真傻还是假傻？当然是找她聊天哪。我和她闲聊了半天，最后我问她下个星期六愿不愿意出来玩，我们可以去看电影什么的。”

“哦。”我正忙着吃梨子，这个梨子汁水很多。

“你就只会‘哦’？她说如果能叫上她的其他朋友，她可能会来，但如果只有她一个人，她就不想来，而且她妈妈也不会让她一个人出门。”

“哪个？”

“什么哪个？”

“哪个朋友。”

“哦。你知道的，就是跟你一起在海滩上打闹的那个红发女孩。我说了没问题。我还说看看能不能把你也叫上，稍后再给她回个电话。”

“呃，我不知道。”

“你不知道？这是什么意思？”

“我怎么知道我会不会喜欢那个女孩？我甚至都没怎么跟她说过话。这听起来就像是约会。我不想约会。

如果是碰巧遇到她们，那我觉得没什么。”

“那我可以告诉她们星期六没问题吗？”

“唔。”

“你学会用新词了，很好。”

“我得给那个女孩买电影票吗？”

“小气鬼。你可以试试站在那儿对她说‘唔’，也许她就会自己买票了。你去吗？”

“好吧。但这都是你的主意，如果搞砸了，也都是你的错。”

“你小子可真会泼冷水！行了，放张唱片，做数学作业吧。”

尼克数学比我好，所以我没意见。

星期六早上 10 点，尼克准时出现在我家门口，他穿着一件白衬衫，头发梳得十分整齐。爸爸吹了声口哨，说道：“今天是星期六！你们约了女孩？”

“是的，先生！”尼克答道。说完他嫌弃地朝我身上的 T 恤瞥了一眼。于是，我找出一件运动衫罩在 T 恤外面，又梳理了一下头发，但我才不会把这当成一件大事，特意盛装打扮出门。

“我们要去学院电影院看电影。”我告诉家里人。

“看什么电影？”爸爸问道。

“一部新上映的恐怖片，”尼克答道，“还有一部迪士尼的电影。”

“真的有新上映的恐怖片？”我问尼克，我还以为我已经看遍了城里上映的电影。

“没错。刚上映的，叫《金甲虫》[①]。有人写了这个——我是说出过书，据说很不错。女孩们看了都吓得直叫。我就喜欢这样的电影。”

“唔。”不管女孩们会不会被吓得哇哇叫，我就是喜欢恐怖电影。

“如果约会的时候你一直这么‘唔’，肯定会成为焦点人物。”

“是你的约会。”我耸耸肩道。

“好吧，你好歹表现积极点呀。”

我们走到 14 街地铁站的报刊亭那儿，尼克说和女

---

① 美国著名恐怖小说家埃德加·爱伦·坡创作的一部短篇小说。——译者注

孩们约好在这里见面。我们俩等了半个小时，她们才现身。

今天天气很好，阳光明媚，我们看到联合广场上围了一群人，就走过去看看热闹。一个头发蓬乱、胡子拉碴的人正在发表关于“他们”的演讲，他口中的“他们”是指那些卑鄙的人。一群闲得无聊的人坐在周围听他演讲。

“他是什么人，疯子还是什么？”金发女孩问道。

“可能是激进分子吧，”我说道，“他们总是在这里发表演讲。那个银行抢劫犯威利·萨顿之前也坐在这里听过演讲。他就是在这里被人告发的。”

女孩们面面相觑，然后开始狂笑，好像我说了什么有趣的事情。我瞥见尼克瞪了我一眼。好吧，我积极表现过头了。以后我还是只说“唔”吧。

一个正在听演讲的大胡子转过头来，瞪着我们说：“嘘！”

“哼，先刮刮你的胡子吧！”尼克回敬道，女孩们在更多的嘘声中转身走人。尼克带着她们朝14街走去，我一路跟在他们后面。

到了学院电影院，尼克跑去售票口，女孩们立刻走到一旁去看海报，还凑在一起偷笑。我看出来她们根本没打算自己买票，于是只好硬着头皮给她们也买了票。

我和尼克试着像往常一样溜进楼上的包厢，但女孩们笑个不停，还往下扔爆米花，于是影院巡检员发现了我们。她用手电筒照着我们的眼睛，厉声说道："下来！"最后我们被迫和所有 16 岁以下的小孩一起挤在儿童区，我觉得自己就像囚犯。

尼克第一个坐进去，金发女孩第二个，然后是红发女孩和我。演到恐怖情节时，红发女孩想抓紧我，但我把手插进了口袋，并说道："嘿，这不过是电影。"然后她一脸嫌恶。

到下一个恐怖镜头时，她想去抓她的朋友，但金发女孩已经牢牢贴住了尼克。红发女孩不由得大声叹气，而我真希望我没有参加这场约会。我都没办法好好看电影了。

我们好不容易看完了两场电影。那些小孩吵得人几乎听不到电影里的对话，而且巡检员不停用手电筒照大家的眼睛，照得人看不下去电影。金发女孩几乎整个人坐到了尼克的腿上，巡检员用手电筒照她，不满地叫她坐回自己的座位。我再也不想约会了，再也不想了。

我们走出电影院，尼克说："我们去喝可乐吧。"他和金发女孩走在一起，而那个红发女孩并不想和我走在一起，反而想去挽住尼克的另一只手臂。这让我很生气。我想说的是，我并不是真的喜欢她，但是是我给她买的电影票和其他东西呀。

尼克甩开红发女孩的手，回头对我说："快来，胆小鬼，做你该做的事！"

女孩们像往常一样大笑起来，我真的生气了。尼克非要把我卷进来，他就应该闭嘴。

我们走进一家冷饮店，我扔出 30 美分，说道："请来两瓶可乐。"

"哇哦，哇哦！有钱人哪！"尼克嚷道。女孩们笑得更大声。我现在就想揍他，但我只是拿回我的钱，说了句："好吧，聪明人，你来请客吧。"尼克耸耸肩，扔下 1 美元，那样子就好像他有大把的钞票似的。

两个女孩一边喝可乐，一边和尼克聊天。我两三口就喝完了我的可乐。最后我们送她们去地铁站。尼克絮絮叨叨地说要找个休息日再去科尼岛玩，而我则双手插兜站在一旁。

“再见，害羞鬼！”红发女孩朝着我说，然后她们咯咯地笑着走下台阶。一看到信号灯变了，我就穿过14街，根本不管尼克有没有跟上来。让他见鬼去吧。

走到联合广场，他追了上来，看起来觉得今天的一切都非常美好。“电影真不错，很有意思，是吧？”

我只是埋头走路。

“你生气了，还是怎么了？”他好像什么都不知道似的问道。

我继续埋头走路。

“好吧，你生气了！”他大声嚷道。然后，他突然尖着嗓子喊道：“再见，害羞鬼！”

既然他不愿意闭上嘴，我就只能给他一拳让他闭嘴。他回敬了我的肚子一拳，又伸出一只脚来绊住我的脚，结果我们俩一起摔到了地上。“战况”越来越激烈。他抓住我的头发，把我的脑袋朝人行道上撞，于是我扭头咬住他的手。我们互戳眼睛，连抓带咬，脚也没停。

我们都气疯了，顾不上什么昆斯伯里规则[①]，再说，也没人教过我们这些。接下来就没必要赘述那些血淋淋的细节了。最后来了两个家伙使劲把我们俩拉开了，当时我还拽着尼克的衬衫——它已经被扯破了。很好，他快哭出来了。他使劲挣脱开抓着他的那个人，愤怒地朝我吼了几句，然后就冲过了马路。

我站在原地，一边喘着粗气，一边抽泣，抓着我的那个人说："你们这样可真丢人。现在回家去吧。"

"哼，你这个大嘴巴。"我还是很生尼克的气。他朝我晃了晃拳头，但并不是真的要揍我。然后，他走他的阳关道，我过我的独木桥。

我看起来肯定很狼狈，因为街上很多人都看着我直摇头。我走进家门，等待着最糟糕的事情降临；但幸运的是，妈妈出门了，爸爸只是吹了声口哨。

"那肯定是部非常恐怖的电影！"他调侃道。

---

① 全称为昆斯伯里侯爵规则，是拳击标准规则，旨在规范英国的这项运动。该规则由威尔士人约翰·格雷厄姆·钱伯斯提出制定，昆斯伯里侯爵负责监督起草工作，最初于1867年制定完成。——译者注

第 五 章

曼哈顿周围

过了一个星期，我的样子总算看起来不像个闹事的逃犯了。在学校的这一个星期，同学们一看到我和尼克，就会问我们俩是不是撞到旋转门了。然后，他们注意到我们俩互不搭理，于是就开始回避这个话题。星期六，我坐在门口的台阶上思考现在该怎么办。在学校，还有很多其他我喜欢的同学，但他们大多数都住在同一个地方——斯泰弗森特镇。我以前一直懒得在休息日去找他们玩，因为尼克家离得更近。

夏天就要到了，我得找人一起玩。这个星期六是阵亡将士纪念日[1]前的最后一个星期六，正适合去海边玩。我希望尼克和我能和好，只要他别再一见到女孩就疯疯癫癫的。

有个男人在台阶前停了下来，猫咪在阳光下半睁开眼，斜着眼瞥了他一眼。这个人开口问道："你是戴维·米切尔？"

"啊？是的。"我惊讶地抬头看向他。我不太能认出他，以前从没在明亮的光线下见过他；但听声音我敢肯定，他就是汤姆。

"噢，嘿！"我打了声招呼，"这是猫咪。白天看它，它还是很帅气的。"

"是的，它看起来很不错，但是你怎么了？"

"我和一个朋友打了一架。"

"是一起打别人还是怎样？"

"不是，我们俩打了一架。"

"哦，那可真糟糕。"汤姆坐了下来，很清楚不能再

① 美国联邦政府规定的国家节日，原定是5月30日，1971年以后，将其改在了5月的最后一个星期一。——译者注

继续聊这个话题。“我要在阵亡将士纪念日那天开始工作，在布鲁克林[1]贝尔特公园大道沿线的一个加油站，那时候海滩都开放了。”

“天哪，那儿离这儿很远。你打算住在那附近吗？”

“是的，他们要在布鲁克林的Y楼给我找间房。”汤姆不自在地伸了个懒腰，继续说道：“我猜你讨厌学校什么的，但整天无所事事也很糟糕。如果我再找不到工作，我会发疯的。我等不及要开始工作了。”

我本想问问他有没有家，或者有没有什么地方可以回去看看，但不知道为什么我没有问出口。

“像今天，”汤姆说道，“我想出来走走，做点什么事情。你有什么建议吗？”

“唔。我只能想到一些我常做的事。看电影？”

汤姆抖了抖身子，说道：“不，我想走一走，或跑跑步，或扔球玩。”

“我想到一个大公园，里面有片树林，就靠近布朗

---

① 纽约市西南部的一个区。——译者注

克斯[1]。一个小孩告诉我这个地方的。他说他在那里找到了一个印第安人的箭头，但我敢肯定他根本没找到这玩意儿。那地方叫因伍德公园。”

“怎么去那儿？”

“我想可以搭地铁。”

“我们出发吧！”汤姆站起身，活动了一下肩膀，仿佛准备起飞的超人。

“没问题。稍等一下，我去跟我妈妈说一声。需要我带点三明治吗？”

汤姆似乎大吃一惊：“当然，好的，如果她不介意的话。”

我不认为让妈妈做三明治会有什么麻烦，她总爱给我做吃的。问题是，自从我和尼克打架后，她就像母鸡一样，一直在我身边咯咯咯地唠叨。也许她以为我被卷进了什么黑帮斗争，于是不停地追问我去哪儿，和谁一起去。我猜她也注意到我放学后不再去尼克家，而是直接回家，所以她总是问我在学校过得好不好。这可实

① 纽约市最北部的一个区。——译者注

在让人难以招架。此刻，我能想象到她又要问我汤姆是谁，我在哪儿认识他的。我突然想到有个简单的办法可以解决这个问题。

我再次转过身对汤姆说："对了，你要不要和我一起上楼，我把你介绍给我妈妈认识？这样她就不会又问我一大堆问题。"

"你是说我至少看起来信得过？"

"当然。"

我们上楼到了我家，妈妈问我们要不要喝点冷饮或别的什么。我告诉她，我在格拉梅西公园附近追猫咪的时候偶然遇到了汤姆，他帮了我的忙——这些情况基本属实，有时候他会和我们一起玩棍球——这不是真的，但有可能成真。妈妈给我们拿了些橙汁。夏天她通常会在冰箱里准备一些这样的饮料，因为她认为可乐对我有害。

"你住在附近吗？"妈妈问汤姆。

"不，夫人，"汤姆沉着应答，"我住在Y楼。我在布鲁克林的一个加油站找到了一份暑期工作，阵亡将士纪念日过后就开始上班。"

“很好，”妈妈说道，“我希望戴维也能去打份工。他暑假简直闲得发慌。”

“噢，妈妈，别说了！如果你不到 16 岁就想找份工作，得填厚厚的一沓工作申请表。”

“妈妈，我上来是要告诉你，我们想要做点三明治，然后一起去因伍德公园。”

“因伍德？在哪儿？”于是我跟她说了印第安箭头的事，我们又找出分类电话簿和地铁路线图，发现搭 IND 跨城线[①]地铁就能到那儿。

“我觉得有点无聊，”汤姆说道，“所以我们想去树林里探险、做运动。”

“哦，好的，听起来是个好主意。”妈妈朝他点了点头，说道。显然她认为他很可靠，值得信赖。

我发现冰箱里有些吃剩的意大利面，就让妈妈把它放进三明治里。妈妈以为我在开玩笑，但我以前这么干

---

① 美国纽约独立地铁系统一条服务于布鲁克林西部和皇后区西北部之间的跨乘列车服务，也是唯一不途经曼哈顿区的地铁路线。——编者注

过，做出来的三明治很好吃，尤其是里面再放上很多肉和酱汁。我们还带了一袋樱桃。

“谢谢妈妈，再见。我会在晚饭前赶回来。”

“小心点，”她回应道，“别打架。”

“别担心，我们不会打架的。”汤姆非常认真地说道。

我们走下楼梯，汤姆说道：“你妈妈真好。”

我有点惊讶，孩子们通常不会谈论彼此的父母。“是的，我妈妈很好。我想她就是太操心我和我爸爸。”

“家里有个这样的妈妈一定很不错。”他说道。

这话又触动了我。我心想他的父母在哪儿，他们是生是死呢，但这一次我还是没有开口问他。汤姆是个不爱回答问题的人。他就像一座孤岛，独自矗立在茫茫大海中。

我们沿着 14 街走到第八大道，大约走过了 12 个街区。反正我们想运动一下。IND 跨城线地铁开得很快，我们只花了大约半小时就到了位于 206 街的因伍德站。公园离地铁站很近，虽然里面铺设了人行道，但它是片真正的森林。我们爬上一座小山坡，来到一片草地，从这里可远眺哈得孙河，看到新泽西州的帕利塞德陡崖[①]。天气晴朗，我们懒洋洋地躺在阳光下。周围没有很多人，这在纽约很少见。

“我们先吃午餐吧，”汤姆提议，“这样就不用带着午餐去找箭头了。”

他表示意大利面三明治是了不起的发明。

我希望今年有更多这样的好天气，阳光和煦，中午热得让人出汗，想去游泳，但晚上又很凉爽，正适合睡觉。吃过午餐，我们又在阳光下躺了一会儿，一致认为眼前这块地方没有海水可以玩一下真是太扫兴了。这里没有海水，却有蚊子叮我们的后脖颈，于是我们爬起来，准备去探险。

我们发现了一些可以被称为洞穴的地方，但里面已经被找箭头的人翻了个遍，假设真的有箭头的话。这就是城市人的烦恼：无论你什么时候有个想法，都会发现早有上百万人有过相同的想法。下午 3 点左右，我们下

① 位于哈得孙河西岸的一处著名陡崖，构成了曼哈顿天际线的远景。——译者注

山向地铁站走去，沿途买了可乐和冰激凌。

我还不想回家，于是琢磨了一会儿，研究起车厢里的地铁路线图。“嘿，我们可以一直搭这趟车，坐到科特兰街站，去军队剩余物资商店逛逛。我得在暑假到来前买个背包。”

“好吧。”汤姆耸耸肩说道。他望着窗外，似乎不怎么在乎去哪儿。

“我在那儿买过一个很不错的生存急救包，是个卡其色的金属盒子，里面有消毒剂、烧伤膏药、驱虫药水和绷带，只要 65 美分。”

“唔。这正是我在纽约的人行道上生存所需要的。”汤姆回应道。我认为他在用一种自嘲的方式开玩笑。如果你的身边没有家人，想要生存下去所需要的远不止一个 65 美分的小盒子。

商店离地铁站还有一段距离，我们一路走过去没怎么聊天。汤姆一走进商店似乎就活了过来，因为那儿真是个好地方。店里有北极探险者穿的衣服、老式手榴弹、子弹、各种步枪，还有一些便宜又实用的衣服，而且店员不介意你逛多久。最后，我买了个腰包和一个水壶，汤姆选了几件圆领衬衫和几双袜子，每件只要 10 美分。我猜它们都是二手货，但看起来质量还挺好的。

买完东西，我们走去东区地铁站搭地铁。这一站离商店只有几个街区，因为曼哈顿是个窄长形的岛。我们穿过华尔街，所有的商业大亨都在这里压榨他们的赚钱机器。汤姆说他从没来过华尔街。此时是星期六的傍晚时分，街上没什么人，走在街上仿佛穿行过一座空荡荡的教堂，甚至能听到回声。

出了地铁站，汤姆一直陪我走回家。今天过得很开心，就这么结束让人有些恋恋不舍。

“再见，小伙子，”汤姆告别道，“我会从美丽的布鲁克林给你寄明信片。”

“再见。”我朝他挥了挥手，他转身离开。我真希望他不用住在布鲁克林。

第六章

布鲁克林

你不可能真的生朋友的气一辈子，尤其是这个朋友就住在街角，还和你读同一所学校。总之，在一个炎热的星期六早晨，尼克出现在我家门口，好像什么都没发生过，他问我想不想去游泳，因为23街的游泳池在休息日开放了。

从此以后，我们又会在晚上一起去街上玩球，有时还会在休息日一起去游泳。一个星期六，他妈妈告诉我，他去了科尼岛。他没有叫我一起去，不过正好，因为我不想去。放学后，我也不再经常去他家了。学校放假了，7月4日[①]

---

① 美国独立日，即其国庆日。——译者注

正好又是个休息日，我们一家去了康涅狄格州度假。不久之后，尼克去了教会组织的夏令营。爸爸问我想不想参加几个星期的夏令营，我表示拒绝。尽管待在家里时间过得很慢，但我不喜欢那种集体生活。

就在我以为汤姆已经把我忘了，并且结交了和他年纪相仿的新朋友时，我收到了他寄来的明信片。明信片上写着：

亲爱的戴维：

我的老板很讨厌，来加油的家伙也都很讨厌，所以我能在美丽的布鲁克林活到现在真是值得庆幸！真希望你能在这儿，不过你很幸运，不住在这儿。

祝好！

汤姆

汤姆说一件事的时候，你很难弄清他的真实意思。不过，反正我没事可做，不如去看看他。他说他在贝尔特公园大道沿线的一个加油站工作，那里应该不会有很多加油站。

对于我要去的地方，我没跟妈妈说得太清楚，因为如果她知道我要去很远的地方，又会担心，而且我自己也不知道到底要去哪儿。

布鲁克林真够复杂的。它不像曼哈顿，街区方方正正，从北往南排列得整整齐齐。布鲁克林的街道弯弯绕绕，找人指路也会晕头转向，想在这里找个熟人真是难上加难。而且，公园大道上不允许骑自行车，我在破旧的街道上转来转去，至少花了一个星期的时间才找到贝尔特公园大道的正确出入口，然后才开始找加油站。

我推着自行车横穿公园大道，但即便如此，还是有警察冲我大喊大叫。警察不应该去抓真正的罪犯吗？

7 月的一个闷热天，我推着自行车穿过公路，走到 34 街的一个加油站，这一次没人朝我大喊大叫。我走到气泵前给自行车轮胎打气。这时，一辆汽车加满油离开，我看见了站在那儿的汤姆。

“嘿！”我打了声招呼。

汤姆微微皱了下眉，接着迅速回头张望了一下，我猜他应该是看他的老板在不在附近。然后他朝气泵这边走来。

“你怎么跑到这儿来的？”他问道。

“骑自行车。我收到了你的明信片，我觉得我能找到你的加油站。”

他松了口气，咧嘴笑起来。我感觉好多了。他接着问道：“你真是个疯小孩。猫咪还好吗？”

可这时他的老板气冲冲地出现了，吼道：“你想干什么，小孩？公园大道上不准骑自行车。”

我刚想说只是想打个气，汤姆先开口说道：“没关系，我认识他。”

“是吗？我告诉你，别让小孩靠近这里！”那家伙似乎在暗示汤姆认识的小孩比其他人都坏。他叫我走开的样子就像在赶一条流浪狗。我不想给汤姆惹麻烦，于是准备离开。我站在路边挥手说道：“再见。再给我寄明信片哪。”

汤姆匆忙抬手回应了一下，脸上没有任何表情，看不出是高兴还是不高兴。

我慢慢骑车穿过布鲁克林混乱的街区，心潮起伏，想着，好吧，白白忙活了一个星期。我还是不知道汤姆住在哪儿，所以也不知道该怎么再和他联系。算了，我怎么知道他愿不愿意我去找他呢？他看起来一副厌倦世事的样子。

既然我无事可做，接下来的一个星期我准备在家做个乖孩子：我帮妈妈粉刷了厨房，而且刷得还不错。不过，挪动那些烦人的盘子、罐子和脏兮兮的小调料罐真让人抓狂。不过还好，我只打碎了一个漂亮的花瓶和一瓶色拉油。色拉油和碎玻璃洒了一地。每天下午，我会去游泳池学习屈体跳水和后空翻跳水，这样爸爸就会认为我正在成长为一个真正的美国男孩。真实原因是，你必须学跳水才能去跳水池游泳，因为普通游泳池人满为患，到处都是尖叫的沙丁鱼，在这样的池子里你根本没办法放开手脚游泳。

到了晚上，我会放唱片和猫咪一起听，或者去凯特阿姨家喝冰茶。一次，我真正的阿姨来我家做客，睡在了我的房间，于是我去凯特阿姨家借住，结果吃得整个人都快变成白软干酪了。

我逐渐适应了这种枯燥乏味的日常生活。一天早上，妈妈递给我一张明信片，吓了我一跳。明信片是汤姆寄来的：

下个星期二我休息。如果你愿意，早上9点在科尼岛的水族馆附近见面，那个时间点游客还不会很多。

于是这个星期过得特别漫长，好不容易才熬到约定的星期二。我早早来到科尼岛，心里别提有多高兴了。我一眼就看到汤姆，他在木栈道上像一只老虎一样来回踱步。我们互相道了声“嘿”。我已经准备好奔向大海，他却还打着响指在木栈道上四处张望。

最后他开口道：“我以前跟一个女孩很熟。我有段时间没见过她了，上个星期我们才又见面，可是我们见面后吵了一架，我想她一定很生气。我写信邀请她今天来游泳，但她可能不会来了。”

我这才明白，汤姆之所以叫我来是担心那女孩不来，但我并不介意。况且她还是来了。看来他们吵得并不厉害，因为她表现得非常友好。

汤姆介绍我和那个女孩认识。她叫希尔达，她的姓氏很难拼写，也许是个瑞典姓氏。她的嘴巴很大，总是带着笑意，浓密的金色头发在头顶盘成发髻，身材非常高挑。她问我在哪儿认识的汤姆，我们把猫咪和 46 号大厦地下室的事都告诉了她，我还把我那身常春藤盟校造型的故事告诉了他们俩，在此之前我可从来没对任何人说过这件事。他们听后哈哈大笑，然后她又问了汤姆加油站的工作怎么样，他说那份工作糟透了。

我觉得没有我，他们也能相处得很好，于是独自去游了一会儿泳，又沿着海滩走了一会儿，吃了根热狗，接着又游了一会儿泳。我回来的时候，看到汤姆和希尔达刚从海里出来，于是跑了过去。希尔达说：“走，我们去买可乐。汤姆说他要再试试一路游到法国。”

我不太明白她的意思，但还是一起去买了可乐，回来后我们俩仰面躺在阳光下。我们望着海里的汤姆，他已经游得比其他人都远了。我真希望和他一起游。我开口说道：“救生员很快就要朝他吹哨子了。他游得比其他人都远。”

希尔达轻哼一声道：“他总是要游到他们吹哨子。

总是要比其他人游得远。”

我不知道该说些什么，于是什么都没说。

希尔达继续说道：“我在华盛顿广场附近的一家餐馆当服务员。汤姆和纽约大学的很多男生都爱去那儿。有时候在考试的前一天，他一坐就是几个小时，给同学买可乐，一副无忧无虑的样子。还有些时候，也不知道为什么，他会坐在角落里，默默搅动咖啡，仿佛要把杯子搅出个洞来。”

“汤姆上过纽约大学？”我大吃一惊。我不知道汤姆出现在地下室之前在哪里待过。但我永远也想不到那个地方会是纽约大学。

“当然，”希尔达回答道，“他在华盛顿广场的学院[①]读了一年半。他住在郊区的宿舍，但我常在餐馆见到他，那时候我们经常在我下班后约会。他在中西部的什么地方有家人——父亲和继母。早在他离开纽约大学之前，他就在生他的家人的气了，也闭口不提他的家人。现在，他甚至都不给他们写信。”

---

① 纽约大学主校区位于华盛顿广场附近。——译者注

一下子接收这么多信息，我的脑子里装满了疑问。第一个从我脑子里冒出来的问题是：“他怎么会离开纽约大学?”

“哦，这件事让汤姆很生气，但他从没把事情的原委完完整整地告诉过我。反正这件事和他的父亲有关。好像是有什么原因，他的父亲写信让他圣诞节假期不要回家。于是汤姆就和其他留在宿舍的男生瞎胡闹，打水仗。学校方面很生气，给他们的父母都写了信，要求赔偿学校的损失。其他学生的家长虽然很生气，但还是会护着自己的孩子，最后也支付了赔偿。只有汤姆没有得到父亲的回信，一个字都没有。

“从那以后，汤姆总是怒气冲冲地出现在餐馆。学校开始催促他赔偿打水仗造成的损失，还有第二学期的学费。他参加了第一场考试，是物理学考试，他得了A。他非常聪明。

“他还是没从家里得到任何回信。他又参加了第二场考试，是法语考试，他觉得自己可能会考不及格。当天下午，他就走进院长办公室，告诉院长他要退学，然后收拾行李离开了。我一个星期前才再次见到他。我不知道他是不是因为厌倦我才离开了，也不知道他是不是已经离开了这座城市，我什么都不知道。

“他说自己写信告诉过他父亲他找到了一份好工作，叫他们不用惦记他。然后，他因为打赌或是赌气闯进了那个地下室。

“现在我们变成这样了。接下来我们该怎么办呢？”

希尔达看着我——14岁的我，仿佛我真的知道该怎么办似的，有点让人不安。我认识的所有人都在按部就班地生活：小学、初中、高中、大学，接着也许是结婚。他们根本不需要考虑下一步做什么。

我小心翼翼地回答：“我爸爸说，小孩子如果想以后想去哪儿就能去哪儿，必须先上大学。也许他应该回去上学。”

“你说得完全正确，老爷爷。”她说道。我以为她在嘲笑我，但她笑得非常真诚。“我希望能说服他回去上学，但这可不容易。我估计他想先找份工作，如果有学校接受他，再去上个夜校。他不会伸手向他的父亲要钱。”

“你们俩为我的生活找到出路了？”我们趴在海滩

上闲聊的时候，汤姆出现在我们身后。“我只希望加油站的那个‘酸葡萄’能给我写封像样的推荐信，这样我就能找到新工作。他看着收银机的样子，会让人以为我是阿尔·卡彭[①]。”

我们又聊了一会儿，希尔达起身说想上厕所。大多数女孩和男孩在一起时，说起上厕所都会表现得扭扭捏捏，而她说起这事时毫不扭捏，说去就去。

“你觉得希尔达怎么样?”汤姆问我，我再次感到吃惊，因为他看起来是真的想知道我的看法。

“她很好。”我说。

“是的。”汤姆突然怒气冲冲地瞪着我，好像我说的是不喜欢她似的。“我不知道她为什么要在我身上浪费时间。跟我在一起对她毫无益处。如果她的家人听说了我的事，肯定不会接受我。”

“我可以问问我爸爸。你还记得吧，我告诉过你，他是个律师。也许他知道怎么让你重回大学，或是怎么找到一份工作。”

---

① 美国 20 世纪二三十年代著名黑帮老大。——译者注

汤姆大笑起来，干巴巴的笑声听着像狗叫。“也许他会叫你别和那些跟警察纠缠不清的家伙混在一起。”

这么说也对。细想一下，我不知道自己为什么要说去问爸爸。我之前都是叫爸爸不要干涉我的私事，因为怕他对我指手画脚。然而，光靠我自己肯定没法为汤姆做些什么。

我说：“我会试试看。反正最糟糕的也就是听他唠叨一通。有一次，因为我买了一张他不喜欢的贝拉方特的唱片，他就小题大做，大发雷霆。还有一次，我玩球打碎了一个家伙的凯迪拉克车的车窗，他去和人家评理，弄得像是因为人家有一辆凯迪拉克而要起诉人家一样。你真是永远猜不透我爸爸的心思。”

汤姆接话道：“我和我父亲在一起时，你知道的，错的总是我。”

这时候希尔达回来了，她打断我们的对话：“既然他是这样一个蛮不讲理的人，你为什么还在讲，为什么不忘了他？”

“好吧，好吧。”汤姆应道。

此时海滩上已经挤满了游客，我们穿上衣服，朝地铁站走去。汤姆和希尔达在布鲁克林下车，我继续坐到联合广场。

那天吃过晚餐，妈妈忙着洗碗，爸爸开始看报纸，我想是时候说点什么了。

“爸爸，”我开口道，“我在海滩上遇到一个人。嗯，其实我想说今年春天我找猫咪的时候就遇到了他，当时他就在格拉梅西 46 号大厦的地下室，他被抓了，还……”

“什么?”爸爸放下报纸，摘下眼镜，“你再说一遍。”

于是我放慢语速重复了一遍，同时还做了点解释。我仔细说了有关加油站、希尔达和纽约大学的事。我得为爸爸说句公道话，他要么不听你说的话，而一旦听起来，他就会认真听。我讲完整个故事后，他戴上眼镜，看向窗外。

“你知道这个年轻人的名字和住址吗? 还是就叫他‘地下室的汤姆’?”

在海滩的时候，我已经得到了汤姆的一些信息。他住在布鲁克林的 Y 楼。我把我知道的全告诉了爸爸。

爸爸说：“叫他给我的办公室打电话，让他下次休息的时候来见我。同时，我会研究一下针对少年犯的市教育政策。”

爸爸说得干脆利落，仿佛真的有一本关于这一主题的书。然后他继续看报纸。我想这个话题到此结束了。

“谢谢，爸爸。”我说完就准备出去。

“完全不用客气。”爸爸回应道。我走到门口的时候，他又补充道：“如果你的那只猫习惯带你去别人的地下室了解社会阴暗面，我想我们没有它也能做到。我们或许可以试试。”

第 七 章

生存

猫咪再也没有带我去任何地下室“找麻烦”，但我也不能保证它会老老实实地待在家里玩毛线球，这可不是它的性格。

一个炎热的早晨，我去门口取牛奶，猫咪正躺在门外的垫子上。它甚至懒得抬头看我一眼。我挠了挠它的耳朵，和它说了一会儿话。然后，它站起身来，一瘸一拐地走进屋子。

我把它放在我床上靠近灯光的地方，仔细检查起来。它的一只前爪被抓破了，所以走起路来一瘸一拐的。它的左耳也被抓破了，身上到处是伤，这里缺一块皮，那里少一撮毛。它蜷卧在我的床上，一整天都没有动弹。

我每隔几个小时就过来看看它，考虑要不要带它去看兽医。但它看上去呼吸正常，于是我只是忧心忡忡地离开了。到了晚上，我轻轻地把它推到一边，想着明天早上应该为它做点什么才好。

第二天早上，猫咪醒来，伸了几下懒腰，打了几个哈欠，然后轻松地从床上跳下去，径直离开。它走起路来还是有点跛，但却表现得像什么事都没发生一样。它只想知道早餐吃什么。

“你最好小心点，总有一天你会遇到一只比你更大更凶的猫。”我对它说。

猫咪只是继续等待它的早餐，一副不以为然的样子。

但是我很担心。如果有只大个儿的老猫狠狠咬了它，它伤得回不了家该怎么办呢？吃过早餐，我带它去后院玩了一会儿，然后把它关进我的房间，我则跑去找凯特阿姨商量。

她像往常一样用冰茶和白软干酪招待我。

“我已经吃过早餐了，还要吃白软干酪吗？”

“吃了它，对你有好处。”

我吃完干酪，把猫咪的事情告诉了她。“它前天晚上回家时全身都被咬伤了，我很担心哪天晚上它会伤得连家都回不了。”

“没错。”凯特阿姨回应道。她不太爱说话，但我还是有些意外。我本以为她会告诉我不用担心，猫咪能照顾好自己。她开始把苏珊刚生的小猫从沙发底下拽出来，像摆放彩色丝带一样把它们排列整齐：一只灰色，两只虎斑，一只黄色，一只三花。

“那么你准备怎么办？”她把小猫塞进苏珊怀里，然后突然向我发问。

“我——嗯——我不知道。我想也许我不应该让它晚上出去。”

“哦，你知道得可不多呀，是不是？”她说，“好吧，我来告诉你。你的猫咪现在可能已经给几只小猫当爸爸了。一旦一只猫当过爸爸，你就关不住它了。你应该给它做摘除手术，这样它才不会总想着往外跑。”

“摘除手术？”

“就是绝育，术语叫阉割。只是个两分钟的小手术，大约就花 3 美元。你要带它去斯派尔宠物医院，就是第一大道上的那栋新楼。”

“你是说给它做绝育，让它再也当不了爸爸？活见鬼！我可不想让它变成一只只会躺倒在坐垫上的又肥又老的猫。”

“它不会的，”她说，“但要是你觉得不给它做绝育你会更开心，那就等着它被别的猫打死吧。它很坚强，应该还能再挨一两年打。随便你吧。”

“啊，你这个疯子！去你的，还有你的干酪！”虽然嘴上这么说，我心里还是有点后悔。但我实在太生气了，还是一头冲出门去。这是我第一次气冲冲地离开凯特阿姨家。通常都是我带着怒火冲出我自己的家，去找凯特阿姨。

现在我没地方可去。我怒火中烧，一路骂骂咧咧，边走边踢着地上的小石子。我走到一家有空调的电影院，来到售票窗口。

售票亭里那个做作的金发女郎看着我，嘲笑道：“你还没满 16 岁，我们电影院没有儿童区。”她甚至都没问一声我的年龄，就这么说了。什么世道哇！我直接回了家。家里没有人，只有猫咪，于是我把唱机的音量调得震天响。

那天晚上，爸爸回来后突然心血来潮，难得大方了一回，带我们去看了电影。

有一段时间，猫咪表现得很好，只在家里和我们的地下室老实待着，我也不再担心它了。但没过多久它又恢复了老样子。

爪子刚痊愈，它就再次大摇大摆地出去玩了。一天晚上，我听到几只猫在屋后号叫，就提了一桶水出去，用水泼它们，把猫咪带回了家。围墙上坐着一只十分娇小的虎斑猫，看起来只比小猫崽大一点点。它身上没有沾到一滴水，正若无其事地坐在围墙上舔毛。接下来的几天，猫咪一直不理我。

一天早晨，看门人布奇来敲我家的门。“你最好下来看看你的猫。它伤得很重，都快不行了。”

我赶紧跑下楼，只见猫咪瘫倒在冰凉的水泥地板的一角。它的嘴半张着，能听到重重的喘息声，好像得了哮喘一样。我不知道应不应该把它抱起来。

这时布奇开口道：“最好让它躺着。”

我在猫咪旁边坐下。过了一会儿，它的呼吸顺畅了些，脑袋也放松地耷拉了下来。这时，我才注意到有一道又长又深的抓痕，从它的肩上一直延伸到一条腿上。这道伤口有半英寸[1]宽，任何人都看得出来这不可能自行愈合。

布奇摇摇头说："你得带它去看兽医[2]，就是给猫看病的医生。"

"是的。"我应道，并没有纠正他的错误。我担心的不仅仅是这道伤口。我想起了凯特阿姨说过的话，忍不住倒抽了一口凉气：在城市的水泥森林里，它最多只能活一两年。

此刻看着奄奄一息的猫咪，我终于明白她是对的。但猫咪是这样一只——哦，这样一只猫咪。我怎么忍心那么做呢？

---

① 英美制长度单位。1 英寸 = 2.54 厘米。——译者注

② 兽医英文为 vet，在美国非正式用语中也有老兵的意思，而此处原文为 veteran——即老兵的英文单词。此处应为布奇用词错误。——译者注

我跟布奇说过几分钟就回来，然后上了楼。妈妈正哼着歌在厨房洗洗刷刷。我在屋子里走来走去，又盯着窗外看了一会儿。最后，我走进厨房，呆呆地看着冰箱，然后告诉妈妈猫咪受伤的事。

妈妈问我知不知道哪里有宠物医院可以带猫咪去治疗。

“我知道，有一家斯派尔宠物医院。那是家新开的大医院，高级得都能给人看病了，而且从医院还能看到东河的风景。问题是，妈妈，猫咪总是出去打架，总是会受伤，有人告诉我，我应该给它做绝育。”

妈妈浸湿海绵，拧干水，开始擦水槽。我不知道她有没有听明白我说的话，因为我真的不知道怎么更好地解释这件事。

她终于拧干海绵，在餐桌旁坐下。

她开口说道：“猫咪现在已经不是自由自在的野生动物了，即使你把它放了，它也不会变成野生动物了。它属于你，所以你必须做对它最有益的事，不论你是否喜欢这件事。去问问医生吧，按他说的做。”

的确如此，妈妈说到了重点。但我并没有因此感觉好一些。她从钱包里拿出 5 美元递给我。

我找出柳条篮，下楼来到地下室，把猫咪放进篮子里。它叫了几声，声音低沉，透着怒气，但它并没有试图逃跑。

篮子里装的是沉甸甸的猫咪，不是没重量的粉扑。我走到公交车站，再从公交车站折腾到宠物医院，一路汗流浃背。到了医院，先排队等候，有几只狗跑过来嗅我，然后我填了几份表格。一位女士问我是否付得起医药费。妈妈给了我 5 美元，我自己还有 4 美元，我回答她付得起。

医生是个看上去挺年轻的男人，但已经秃顶了，他身上的白大褂和牙医穿的很像。我把猫咪放到他面前的桌子上。他对猫咪说："你为什么不听你妈妈的话，非要去打架呢？"

我松了口气，笑了起来。他继续说道："这样好多了。别担心，我们会照顾好这个小伙子。我猜它是在打架的时候受的伤吧？"

"是的。"

"它做绝育了吗？"

“没有。”

“它多大了？”

“我不知道。它是一只流浪猫。我养了它快一年了。”

医生一直说个没完。他一边安抚猫咪，一边给它做检查。他继续抚摸它，同时抬起头对我说：“孩子，最近它可禁不起再打一架了。我们可以在缝合伤口的同时给它做绝育手术吗？”

我就知道逃不开这个问题。我一时没法回答。如果医生和我争论，我可能会说不。但他只是继续哼着歌，抚摸着猫咪。最后他说道：“我知道很难做这个决定。也许它有权当只老虎。可你不能把老虎当宠物养。”

于是我答道：“好吧。”

一位医生助手把猫咪带走了，我坐在候诊室，紧张得浑身直冒冷汗。他们告诉我手术要几个小时，我就走出医院，逛了很多我从没去过的街区，喝了些可乐，找地方坐下，抬头仰望通往皇后区①的59街大桥。

等我回到医院，猫咪已经看起来和从前一样了，

---

① 纽约市东的一个区。——译者注

只是它的右前腿缠满了绷带。医生让我星期五再过来拆线。

妈妈看见我进了家门，我猜自己的神情一定很凝重，因为她问道："猫咪会好起来的，是不是，亲爱的?"

"是的。"我从她身旁走过，径直进了我的房间。我把猫咪从篮子里放出来，然后把头埋在枕头底下。我真的不是因为掉眼泪而难为情，只是不想让妈妈听见我哭。

过了一会儿，我把头伸出来。猫咪正躺在我身旁，它半眯着眼，尾巴尖非常缓慢地抖动着。我把头贴在它的后脖颈上摩挲，轻声对它说："对不起。不管怎么样，坚强些，猫咪，好吗?"

猫咪伸了个懒腰，用它的三条好腿跳下了床。

第八章

西区故事

8月中旬，格拉梅西公园的除草工因为中暑或别的什么原因请假了，于是我顶替他松土除草，挣了14美元。格拉梅西公园是个私人公园，必须有钥匙才能进入，所以市政府不负责管理公园。

能赚到钞票真是令人欢呼雀跃，尤其是在今年这个时候。我去了萨姆·古迪唱片店，想看看有什么唱片在打折，有哪些人在买唱片。我可能会买点什么，也可能不买，反正现在我口袋里有钱，不会再觉得老板拿眼睛瞪着我，怪我只看不买，白占地方。

路上我会经过42街的那个大图书馆[①]。从第五大道正门的两只石狮子中间走进去，可以看到图书馆大厅里陈列着各种各样的图书。穿过大厅往里走，就能借书看。这里整洁又凉快，没人会拿眼睛瞪你，除非你发出很大的噪声，或是睡着了。我可以从这里借书，然后去位于23街的分馆归还，非常方便。

萨姆·古迪唱片店里有空调，也很凉快。店里的试听机总有新歌可以试听。但最有趣的还是观察那些顾客：秃头的矮胖子在买长发音乐家的古典音乐唱片，一头乱发、身材瘦削的披头族[②]在听爵士乐。

我走到金斯顿和贝拉方特的唱片区，看看有没有打折唱片。有个女孩正站在那儿看唱片背面的文字，我没怎么认真看她，只是看了看她的鞋，那是一双小巧的红

---

① 此处指纽约公共图书馆，位于第五大道和42街之间。——译者注

② 用于描述“垮掉的一代”的参与者。“垮掉的一代”是第二次世界大战之后出现于美国的一群年轻诗人和作家的集合体，这一名称最早由美国作家杰克·凯鲁亚克提出。——译者注

色平底鞋。过了一会儿，她对我说了句：“不好意思。”然后伸手越过我的头顶，抽出一张唱片。

“没关系。”我抬头回了句。这时我们视线相交，不约而同地惊呼：“噢，天哪，你好。”

我们俩都很惊讶，因为这个女孩就是我在科尼岛认识的那个女孩。当时我和尼克带着猫咪一起去科尼岛，现在我们离科尼岛都很远，居然又见面了。这个女孩就是那天总爱傻笑的两个女孩中的一个，她很喜欢猫咪。

我们都已经忘记了对方的名字，因此再次互相介绍了一番。我问了问她的近况，她在女童子军[①]夏令营待了几个星期，然后做临时保姆挣了点钱。所以，她和我一样来这里看唱片。我告诉她，今年夏天我又去了一次科尼岛，还到处找过她。这是真话，因为我真的去找过她。

“那地方很大。”她笑着说道。

---

① 美国女童子军创立于1912年，是世界上最大的女童组织，该组织强调女性领导，培养女孩品德，树立女孩信心。——译者注

“这么说，你住在那儿，是吗？你怎么一个人大老远跑到这里来？你妈妈不担心吗？如果我妈妈知道我一个人去科尼岛，她会担心得不得了。”

玛丽答道：“我和我妈妈一起来的。她的一个朋友有个小型艺术展开幕。她说我可以自己回家，反正她知道我不会迷路。”

我说：“天哪，有个不会总是担心你的妈妈多好哇。”

“哦，我妈妈也会担心我。”玛丽笑道，“你应该听听她得知我喜欢《飘》[1]，不喜欢《安娜·卡列尼娜》[2]的时候说的话。她差点就要和我断绝关系了。”

“她对科幻小说怎么看呢？”我问道。玛丽做了个鬼脸，我们俩大笑起来。

我继续说道：“我妈妈不在乎我看什么书。她只关心我吃什么，我的脚有没有湿，她好像总觉得我会害死自己。真是让人头疼。”

---

① 美国作家玛格丽特·米切尔创作的长篇小说。——译者注

② 俄国作家列夫·托尔斯泰创作的长篇小说，也是其代表作品。——译者注

玛丽突然变得严肃起来。她一字一句地说道："我觉得这样也许挺好的。我的意思是，有人关心你舒不舒服什么的，总比整天挑剔你的智力好。"

她的话似乎终结了我们关于各自母亲的话题。玛丽随手拿起《西区故事》的唱片，问道："真希望能去看这部音乐剧。你呢？"

我回答不想，老实说，我连听都没听过这部音乐剧。

"我看过一本关于他的书，写得很精彩。"她说。

"谁？"

"伯恩斯坦[①]，创作这部音乐剧的人。"

"《西区故事》是讲什么的？讲他自己的故事？"我小心翼翼地问道。

"不，不是的，他创作了里面的音乐。这部音乐剧讲的是两个帮派的年轻人的故事，里面有很多舞蹈场面，还有一场打斗，然后有个年轻人——噢，要把整个故事讲清楚可不容易。你必须自己去看。"

这话让我灵光一闪。

---

① 美国著名作曲家、指挥家。——译者注

“我们为什么不一起去看看？”

“啊？”

“一起去看吧。为什么不？我们都有钱哪。”

“要是我们一起去看，”她迟疑地说道，“你觉得他们会让我们进去吗？我是说16岁以下的孩子。”

你知道，这是第一次有女孩和我这样说话，这个女孩不会故作姿态装可爱什么的。

我们走到剧院，今天是星期三，从排片表上看正好有一场日场要开演了。售票员毫不犹豫地收下我们的票钱。一点也不奇怪，毕竟演出票可是2.9美元一张呀。我们来不及多想什么就拿着票进场了。

玛丽突然叫道：“糟糕！我最好给妈妈打个电话！我们看看这次演出什么时候结束。”

我们查了演出时间表，玛丽打了电话。她跟我说：“我只告诉她我路过一家剧院，发现在上演《西区故事》，而且还有票卖。我一句也没提起你。”

“为什么，她会介意吗？”

玛丽眯着眼，露出困惑的表情，说：“我不知道，我真的不知道。以前从没遇到过这种情况。”

我们进去看演出。她说得对，这部音乐剧真的很精彩。我以前极少看现场演出，只看过一些儿童剧，以及莎士比亚老爹那些让人摸不着头脑的东西。这部《西区故事》却如此通俗易懂。

幕间休息时，我们喝了橙汁，我大方地付了钱。玛丽说："真是太奇妙了！我们只是在海滩碰巧认识，又在古迪唱片店偶然遇见，然后我们就一起来看了这部我一直想看的音乐剧。我学校里的朋友都不想花钱来看这部音乐剧。"

"是很奇妙，"我回应道，"等演出结束了，我要回去买张这个唱片。"

于是演出结束后我们买了唱片，然后一起走到地铁站。我必须在第一站 14 街站下车，她还要继续坐到这条线的终点站科尼岛。

在地铁上交谈很困难。车厢里太吵了，你要说话就得大声嚷嚷。当你不知道说什么的时候，就更麻烦了。反正你不能在车厢里大声喊着要女孩的电话号码。至少我做不到。

而且，我也不确定是不是真的会给她打电话。我无法想象打电话给她说："哦，嗯，玛丽，我是戴维。你想去看电影什么的吗？"这听起来就很傻，我会很尴尬。她说得很对，我们两次偶遇，还玩得很开心，确实很奇妙。

所以我开始思考怎么才能再约她见面。也许在海滩，等到秋天的时候。想想看，学校下次放假是什么时候？哥伦布日[①]！

地铁快到14街站了，我大声喊道："嘿，我们这个秋天一起去海滩，怎么样？就在哥伦布日，行吗？"

"好的！"她喊道，"哥伦布日早上吧。"

"哥伦布日早上吧"这句话特别响亮清晰，因为地铁恰好在这时候到站停了下来。周围的人都在偷笑，玛丽的脸涨得通红。

"再见。"我说道。我们都挥了挥手，地铁再次启动。

---

① 为纪念意大利航海家哥伦布于1492年首次登上美洲大陆而发起的纪念日，时间是10月12日或10月的第二个星期一。——译者注

第九章

爸爸们

手术对猫咪的影响并没有我想象的严重。我带它去医院把腿上缝的线和绷带拆掉了。几天后的一个晚上，我听见后院传来号叫声。我下楼把猫咪从一场打斗中拉了出来。它还没有受伤，而且一个劲想回去继续打，似乎和隔壁的猫有宿怨。

不过，它现在晚上会按时回家。早上天气还没热起来的时候，它偶尔会和我一起坐在大楼门外的台阶上。我坐在台阶上听收音机、看书，它则坐在台阶旁一根6英尺[①]高的立柱上。

① 英美制长度单位。1英尺 = 30.48厘米。——译者注

每次有狗从猫咪坐着的立柱旁经过，它就会弓起身，仿佛准备随时一跃而起。当然，可怜的狗永远不知道自己要被袭击，依旧摇着尾巴从它旁边走过。猫咪这时才会放下竖起的尾巴，一脸不屑的模样。

在收音机播天气预报的时候，我听见猫咪发出呼噜声，十分响亮。我抬起头，看见汤姆站在那儿，正从后往前倒着抚摸猫咪的毛。汤姆望着马路，好像在无声地吹着口哨。

“哇，你好!”我打了声招呼。

“你好。”他回应道。他又给猫咪顺了顺毛，拍了拍它，然后坐了下来。“我刚去见过你爸爸，他真是个好人。”

“啊？你是中暑了还是怎么了？他没有对你长篇大论，聊一堆关于健康生活、诚实努力、棒球、和狗一起远足的事？”

“没有。”汤姆咧嘴一笑，继续坐着望向马路，我只能等着他往下说。

“你知道吗？”他继续说道，“你给我的一个印象是：当你提起你的爸爸时好像真的很痛苦，而这也正是我想起我爸爸的感受。但在我看来，你爸爸是个很好的人，所以，如果我给我爸爸一个机会的话，他可能也会是个好爸爸。你爸爸说我应该这么做。”

“应该怎么做？你应该回家？”

“不是。你爸爸说我应该给我爸爸写封长信，勇敢面对被我搞砸的所有事情，包括从纽约大学退学，地下室风波，等等。然后告诉他我打算找份工作，还要上夜校。你爸爸认为这样一来他可能会帮上我。你爸爸还说他也会给我爸爸写封信。其实，我对你爸爸来说无关紧要，他没有必要这么做。他真的很热心。”

我试着理解他的话，但这一切实在令人费解。有一次我骑车不小心撞倒了一个看门人，我爸爸可没耐心对我循循善诱，直接让我禁足了 1 个月。

汤姆拍拍我的后背，站了起来。“希尔达已经回餐馆工作了。我打算在午餐高峰前去看看她，然后就回家写信。”

“替我向她问好。”

“好的。再见。”

天气凉快了些，爸爸开始提起度假的事。他有两个星期的假期，可以从 8 月末休到 9 月初。于是我开始采购各种可能需要用的钓鱼用具和野餐用品。我们要去康涅狄格州的一个湖边，住在那里的一家汽车旅馆。那家旅馆早上会用一种小电炉子煮咖啡，不过大多数时候我们都会出去吃，那样比较干净卫生。

一天晚上，我们坐在客厅整理东西，这时有人按门铃。我去开门，汤姆走了进来。他目光空洞地朝我点点头，好像没看见我似的，然后径直走进客厅。他和爸爸握了握手，但动作僵硬得像个木偶。他的神情看起来很阴郁，和我那天在加油站跟他告别时一样。

他把手伸进口袋掏出一封信。我能看到信封上的地址旁边盖了一个红色的邮戳。他把信扔在爸爸的桌子上。

“我已经得到答案了。”

爸爸看着这封信，我看到他的脚开始抖动，这是他即将发火的前兆。但他只是看向汤姆，并没有发火，而是问道：“你爸爸搬家了？没有转告你新地址？”

“我想是的。他就这么搬走了。他和那个女人结婚了。”汤姆的说话声越来越小，他一边说一边走到窗边。我们沉默了好一阵。

最后，爸爸温和地劝慰道：“好了，没有必要为她生气。她和你毫无关系。”

汤姆愤怒地转过身说：“她不是个好人。她整天游手好闲，酗酒成性。肯定是她说服爸爸搬走的。”

“而你爸爸听从她的话搬走了。”又是一阵短暂的沉默，爸爸继续说道：“你原来住在哪儿？”

“普通房子。那是一栋很漂亮的小房子：深红色的墙壁，白色的装饰，有个可以玩玩球的小院子。每年春天我都会在院子里种些莴苣。有一次我甚至还收获过一穗玉米。我们是在我读二年级时搬到那里住的，因为我妈妈说那里离当地一所很好的学校很近。我在那里一直住到上大学。我猜他把房子卖了，或是抵押贷款了。他们肯定点起蜡烛，开怀畅饮了一番，为终于要甩掉我而大肆庆祝。”

汤姆没能说完最后一个字。我的脑海里瞬间浮现出一幅十分清晰的画面：一栋漂亮的房子，一位父亲——汤姆总是责怪他，却又希望他能成为合格的父亲。现在就像有人夺走了他的整个童年，并且像揉废纸一样把它揉成一团扔掉了。

妈妈站起身来，走进厨房。爸爸的脚还在抖动。最后他说：“唉，我不该叫你写这封信。抱歉。但也许就这么解决了这件事也不错。”

“确实解决了。”汤姆回应道。

妈妈用托盘端出几杯姜汁汽水。这种时候喝饮料似乎有点不合适。汤姆从妈妈手里接过一杯汽水，他看上去像是快要哭出来了。

他喝了几口汽水，擤了擤鼻子。这时爸爸问道：“你什么时候再去青少年委员会报到？”

“星期二。那天我休息。下星期过完劳动节[①]，我在加油站的工作就结束了。”

“劳动节，嗯，那时候我们已经动身去度假了。如果你愿意的话，我可以和你一起去青少年委员会，看看我们能做些什么。别太担心。我能感觉到你已经开始战斗了——真正的战斗，不只是扔几块石头那么简单。”

---

① 美国的劳动节是每年9月的第一个星期一。——译者注

“我不明白你为什么要为我烦心。”说完，汤姆准备起身。我们在说话时，猫咪一直在茶几下面走动，准备突然袭击。汤姆刚要站起身，猫咪就扑了过去。他被撞了个趔趄，一把抱住猫咪，又跌回到椅子上。

“你什么也不用担心，”爸爸说道，“连猫咪都站在你这边。”

第 十 章

猫和公园大道

猫咪也许站在汤姆一边，但爸爸是否站在猫咪一边又是另一回事了。我们做度假计划时，我一直在担心这个。如果汽车旅馆不让带猫怎么办？要是猫咪在乡下跑丢了怎么办？要是它搞砸了假期，我敢肯定爸爸会扔掉它。

我尝试把猫咪放进车后座的柳条篮，看看能不能把它关在里面，但它疯狂地叫个不停。这不但会把车里的老爸逼疯，肯定也瞒不过汽车旅馆的服务员。我靠在椅座上，尽量往好处想，可一想到事情可能要失控，就忍不住犯恶心。

爸爸正急着赶工。为了赶在假期前把手头的工作处理好，他几乎每天晚上都工作到很晚。他不希望有任何额外的麻烦，尤其是猫咪的麻烦。最近妈妈的哮喘频繁发作，我们都很不安。每年夏末妈妈都会这样。

星期二的晚上，爸爸下班回到家，我问他汤姆怎么样了。

“我们会解决好的。”他答道，这可不是我想听的回答。

“你认为他能回到大学读书吗？”

“我不知道。青少年委员会正在努力解决这个问题。他们正安排汤姆参加他缺席的那几门期中考试的补考，这样他就能拿到那学期的学分。等他找到了工作，就可以开始上夜校，补学第二学期的课。”

“显然，青少年委员会已经知道汤姆的爸爸搬走了，他们正在尽力找他。不过我觉得就算找到他也没什么用。汤姆最好还是别指望他爸爸了，还是好好想想自己一个人怎么过吧。”

你知道，我只在电视里见过所谓的“坏蛋”。从我熟悉的人来看，我总结出的规律就是：父母总是替父母说话，孩子则是和孩子结成同盟。现在我爸爸却平静地说，孩子最好当他的爸爸是坏蛋，自己一个人好好活着。如果你的父亲已经死了，我想你最终会接受现实，但如果父亲还活着，只是从你的生活中逐渐消失，不再关心你做些什么，那会更糟糕。

我在苦苦思索的时候，爸爸已经开始看报纸了。我注意到报纸背面的招聘广告栏，突然想到汤姆和他的工作。

“嘿，爸爸！你记得街角的那家花店吗？帕伦博花店。你总是在母亲节那天去那家店给妈妈买花。几个星期前我去过那家店，因为老板贴了招聘广告，说是‘招聘助手’。我以为是招送货员之类的，可以让我在放学后去打份工。但他说需要全职员工。我相信他现在还没招到人。”

“帕伦博？”爸爸摘下眼镜，用眼镜腿搔了搔头。他看了看表，叹口气道：“花店还开着门吗？”

花店还开着，爸爸直接去见了老板。他和老板很熟，母亲节、复活节爸爸都会光顾花店，而且这里还是我们街区的投票点，爸爸每个选举日都会过去。他总是在选举日买一小束花，因为他觉得这天花店被弄得乱七八糟，花店老板应该多做几笔生意。

爸爸从花店回来后，走到桌子前，撕下一张便笺。他对我说：“拿着，寄给汤姆，马上就去寄。帕伦博同意先试用一下他。让汤姆下个星期四晚上过来，我会带他过去。”

星期四晚上 9 点左右，汤姆和爸爸一起回了家。他们俩看起来兴高采烈。妈妈已经准备了丰盛的晚餐，几乎掏空了整个冰箱。我们大家坐下来吃饭。

“汤姆的工作搞定了，至少开了个头，”爸爸说道，“他下个星期二开始上班，正好过了劳动节。帕伦博让他干些零活，送送货什么的，犹太节日的时候他可能会比较忙，如果他能很快上手，就能留下来。”

“从没想过我会干跟花有关的工作，”汤姆笑着说道，“肯定会很有趣。我对任何手艺活都很在行。”

联想到他曾经迅速打开挂锁，把猫咪从地下室解救出来的事，我同意他对自己的评价。

吃过晚餐，汤姆准备回家。我们都对他说了“祝你好运”“工作顺利”之类的话，情况真的在好转。

第二天早上，我起得很早，帮妈妈检查房间，锁好门窗，给汽车加满油，就等着爸爸下午回家了。爸爸希望早点出发，我掰着手指在房间里来回走了好几个小时，他才在傍晚6点回来了。今天又是炎热的一天。

关于猫咪，我只字未提，只是冲到后座，把它放在行李箱后面，希望它能乖乖听话。爸爸好像没有注意到它，反正他什么也没说。

天气很热，路上很堵，大家都往城外去，但好歹还在移动。可等车子开上哈钦森河公园大道，那里有个笨蛋的车子已经快没油了。

三条车道全都被堵得死死的，我们只能在大太阳底下干着急。爸爸环顾四周，想找点什么出出气。他看见后座车窗关着，于是咆哮道：“搞什么鬼，想憋死我们吗？打开窗户！”

我打开车窗，用一只手按住猫咪。但如果你真的按牢它，它就会不老实。此刻它还是静静地卧着，一脸不耐烦。

我们等了大约10分钟，爸爸关掉发动机。车里静得能听见汗水滴落的声音。前面有些车发动起来，似乎有点希望了。我把头伸出窗外，想看看是否有车在移动。有个毛茸茸的东西在蹭我的耳朵，我愣了 1 秒钟才反应过来。

紧接着我伸手去抓，但太迟了。猫咪已经蹿上公园大道，在几条车道间寻找出路。

“爸爸！”我大叫起来，“等一下！猫咪跑了！”

你知道我爸爸什么反应吗？他大笑起来。

“等一下，我的天哪！”他说道，“我已经等了半个小时了。如果我现在停下来，会被别人骂死。再说，我可不想假期里天天追着那只猫跑。”

我来不及多想，径自打开车门，跳了出去。我们的车几乎没有移动半步。我看见猫咪在路边的草地上。旁边车道的车都开始按喇叭，但我还是冲了过去，抓住了猫咪。

我听见妈妈惊叫道：“戴维！”

我们的车在中间车道，已经开出去 20 英尺了，爸爸没法掉头。其他车都在加速。我用尽全力大声对妈妈喊道：“我会回去，待在凯特阿姨那儿！别担心！”

我听见爸爸喊了几句，但听不清他说的是什么。他们的车很快开出了我的视线。我低头看向猫咪，对它说："我们的假期开始了。"我不知道稍后能不能买到去康涅狄格州的长途汽车票。而此时，想回市中心也有点小麻烦。我正站在公园大道一侧，另一侧是铁轨和佩勒姆高尔夫球场，要到地铁站还得走很长一段路。

带着一只猫走路可不容易，它总想跳下地。如果你抱得太紧，它就会挣扎得更厉害。你必须温柔地逗弄它，哄着它。阳光刺着我的眼睛。我走得汗流浃背。公园大道上驶过一辆辆汽车，开车的人都指着我给他们的孩子看，好像我是什么奇观一样。

我走到一处地方，路旁长满了比我还高的芦苇和沼泽植物。我心想，这地方可真适合小孩子躲着玩呀。紧接着，我就听见小孩子的声音，他们互相嘘了几声，躲在那里窃窃私语。

他们的声音就在我耳边飘过，但人都藏在草丛里，我看不见人影。我听见一个声音说："快看，抱着猫的娘娘腔！"另一个声音说："我们把他们推到河里去吧！"

我想走快点，但转念一想，如果我跑起来，他们肯定会来追我。于是，我还是一边走，一边逗弄猫咪，假装没注意到他们。我看见前面有座吊桥，祈祷上面有警察或保安。

那群孩子从我身后的草丛里跳出来，我用不着再装下去了。我迅速回头看了一眼。他们在距离我大约50英尺远的地方，扯着嗓子大叫："嗷——呀——呀！"活像一群野蛮人。

我紧紧抓住猫咪的一条前腿，这是能抓牢一只猫的唯一办法，然后拔腿就跑。那群孩子又发出一阵战斗的呐喊。跑到桥上还得经过一段上坡路。这时猫咪亮出利爪，用能活动的那条前腿朝我的胸口和手臂又抓又挠。它一边低吼一边咬我，我差点就要松开它。我累得气喘吁吁，差点就要喘不上气了。

快到桥边时，一个警察慢悠悠地走了过来。他手腕上吊着的一根警棍晃来晃去。哇，太好了！我猛地跌坐在草地上，松开猫咪，开始安抚它。那群孩子一见到警察，就又躲进了高大的草丛里。突然，一块石头向我飞来，但飞得不够远，没有砸到我。这是我最后一次看见他们。

我过桥时，警察眯着眼看着我。“你在干什么，孩子？这里不准行人通过。”

“我马上就下去。我要回家。”我告诉他。于是，他晃着警棍慢悠悠地走开了。

我走到地铁站的时候天已经黑了，我又花了差不多一个小时才回到曼哈顿，来到凯特阿姨家。我能听见电视机的声音，这很不寻常。我走进屋里，发现没人在看电视。妈妈、爸爸和凯特阿姨都坐在桌旁。

妈妈显然已经忍了两个小时没有哭，现在终于让眼泪哗哗地流了出来。爸爸开始咆哮：“你这个笨蛋！竟敢在公园大道上跳车！你不要命啦！”

猫咪砰的一声跳下地。我亲了亲妈妈，然后去水槽边接了一大杯水，一口气喝完，又擦了擦嘴。我回过头对爸爸说道：“你说得没错。可是，如果猫咪在公园大道上被撞死，最多就算个大笑话，不是吗？你当时就笑得前仰后合的！”

爸爸摘下眼镜，用眼镜腿搔搔头，他每次思考的时候就习惯做这个动作。他看着我的眼睛说道：“对不起，我不应该笑。”

说完，他竟然亲手抱起猫咪。“好吧，你也是这个家的一分子。我们一起去度假吧。”

我们终于出发了。

第 十 一 章

犹太新年在富尔顿海鲜市场

我们在劳动节当天度假回来，那天是星期一，我们和几百万人一起返程，天气炎热，交通拥堵。为了防止猫咪逃跑，车窗都关得严严实实。我汗流浃背，身上和鼻子上都粘上了猫毛。考虑到这些情况，爸爸的表现算是相当温和了。

在康涅狄格州的湖边，我遇到一个小孩，他有浮潜装备，还把装备借给我用。天哪，这可比钓鱼好玩多了！我发现 Y 学校有浮潜课程，就准备攒钱去买脚蹼、潜水面镜和其他装备。爸爸会心甘情愿为我支付学费的，因为他会认为这是培养品格的好方法。

与此同时，我还在考虑能否趁天气还暖和的时候，找个休息日再来一趟康涅狄格州。我查了一下，开学第一个星期的星期一和星期二正好是今年的罗什·哈舍纳节。这可太棒了。于是我问那个小孩——肯尼·赖特——罗什·哈舍纳节前的那个休息日我能不能来找他，这样我就能再玩玩浮潜了。

“罗什·哈舍纳节？那是什么？”他问道。

于是，我给他解释了一番。罗什·哈舍纳节就是犹太新年[①]。在我的学校大约有一半的孩子是犹太人，他们到时候都会请假，我也总是请假。去年，学校董事会终于妥协，把犹太新年定为学校的官方假日。不论你是不是犹太人，那天都能放假。假期结束再过一个星期，还有赎罪日[②]，同样全校放假。

肯尼吹了声口哨，羡慕地说道：“你们可真幸运。

---

① 犹太民族最重要的传统节日。犹太新年是犹太历的每年七月初一，在公历9月至10月之间，一般放假庆祝两天。——译者注

② 每年犹太历七月初十，是犹太民族一年中重要的圣日，在这一天要进行斋戒和赎罪祷告。——译者注

我想我们要一直等到感恩节才能放假。”

我一直觉得乡下的孩子很幸运，他们有充足的户外空间可以运动和课间休息。我想，和他们相比，我们的优势就在于假期比较多，尤其是在秋季：9月就有三个犹太节日①，10月有哥伦布日，11月有选举日，11月有退伍军人节②，然后是感恩节③。这么多的节假日，足够让妈妈们抓狂。

后来我又想了想，花钱买火车票来康涅狄格州就待两天，有些不划算，所以就只是跟肯尼道别，客套地说明年再见什么的。

回到家后，我忙得不可开交，因为要去一所新学校——查尔斯·埃文斯·休斯高中。这和初中很不一样，在初中，我认识学校一半的孩子，而且同班同学都

---

① 是指犹太新年、赎罪日、住棚节，都在公历9月至10月之间。——编者注

② 退伍军人节是美国的一个全国性节日，时间为每年11月11日，由第一次世界大战停战日演变而来。——编者注

③ 美国的感恩节是11月的第四个星期四。——译者注

是一起从一个教室到另一个教室去上课。而在休斯高中，每个人都有自己的课程表，要一个人在这栋巨大的建筑里找到自己上课的教室。这栋教学楼大约有宾州车站[①]那么大。我感觉这里有上百万孩子在上课，但实际上只有大约2000人，其中大多数人我都不认识。很少有斯泰弗森特镇和彼得·库珀村[②]的孩子来这里上学，因为这所学校不属于他们的学区。不过，有一天，我从学校出来，穿过第五大道的时候，看见一个认识的孩子，他来自彼得·库珀村，叫本·阿尔斯坦。我问他怎么会来休斯高中上学。

“我爸爸想让我读彼得·斯泰弗森特高中，你知道的，那是天才的摇篮，想进去就得参加全市范围的入学考试。我当然没考上。今年最大的失败者就是我。”

---

① 纽约宾夕法尼亚车站简称宾州车站，位于曼哈顿中城的宾夕法尼亚广场，这里也是麦迪逊广场花园的所在地。它是纽约乃至整个北美最繁忙的火车站。——译者注

② 斯泰弗森特镇和彼得·库珀村是一对“姐妹楼区”，是曼哈顿最大的公寓大楼。——编者注

“得了吧，我从来没想过去参加这种考试。但你怎么会到这儿来呢?”

“这里有一门特设的理科课程，只要你通过数学考试，就能来上课。你也不用住在这个学区。我爸爸认为我只要在某方面有专长，就有希望。我对理科并不是很感兴趣，但这影响不了他的决定。”

从此，我和本就一起上下学，而且我们还有 3 门课可以一起上：生物、代数和英语。在那么多陌生人中能找到一个熟人，我们俩都松了口气。我的老朋友尼克已经不再是我最好的朋友，他去了市郊的一所天主教高中。

9 月的一个星期五，我和本一起放学回家，我问他犹太新年的那个星期一和星期二有什么安排。

“星期二我要穿上受诫礼[①]的衣服去犹太教堂，然后再去布鲁克林我的祖母家。星期一我没什么特别安排。穿上你的旱冰鞋过来，我们一起去玩冰球吧。”

---

① 犹太教成人礼，庆祝男子满 13 周岁和进入犹太教团体的典礼。——译者注

“我都能用屁股滑了，早就玩腻了。”我说道。这可是实话，是我玩冰球的时候的真实状态。我迅速开动脑筋，想找点别的事情做。快走到我家时，我看见猫咪坐在门口的台阶上，于是我说道：“我们去别处走走吧，去富尔顿海鲜市场给我的猫找些鱼头。”

“你就是个猫痴，是吧？”本说道。听起来他对此并不介意，只是说出事实而已。他脾气随和，我觉得大多数时候他都喜欢让别人来拿主意。所以，他耸耸肩说道：“好吧。”

我把他介绍给猫咪认识。本直视着猫咪，猫咪则扭过头去舔自己的后背。本对它说：“所以我得去给你买犹太新年吃的新鲜的鱼，嗯？”

猫咪跳下台阶，从后往前蹭本的右腿，又从前往后蹭本的左腿，然后在人行道中间躺倒。

“看到了吗？它喜欢你。”我说，“之前除了汤姆，它可不会搭理其他人。”

“汤姆是谁？”

于是我把汤姆、地下室以及他的父亲抛弃他的事告诉了本。

“天哪，”本惊讶地说道，“我原以为我和我爸爸的关系就够糟糕的了，他几乎每时每刻都在唠叨我，但至少他不会凭空消失。汤姆现在在做什么呢？”

“在花店工作，就在那边街角。”

本的手在口袋里掏了一阵。“嘿，我有 2 美元，本来是要买课本的。走吧，我去给我妈妈买盆花当节日礼物，你顺便介绍我和汤姆认识吧。”

我们来到花店，一开始汤姆皱起眉头，以为我们是在开玩笑。本对他说想买盆花，汤姆就把店里的花都介绍了一遍，从 10 美元一盆的花开始，按价格从高到低介绍了个遍。这样一来，帕伦博先生也能看到他工作很认真。本最后选了一盆造型古怪的仙人掌，汤姆说它很快就会开花的。

本先回了家，我和他约好星期一去找他。我在花店外面等着，直到看见汤姆出来送货。我走上前去问他喜不喜欢这份工作。他说还不太清楚，但至少老板人很好，不像那个加油站的老板。

星期一我起晚了，大约 11 点才赶到彼得·库珀村。

很多孩子在游乐场玩，有些在和他们的爸爸踢足球。大家还互相大声祝贺“新年快乐”。在温暖的9月听到这样的祝福，感觉怪怪的。

我和本按计划出行。他问我：“我们怎么去富尔顿街？”

我看见一辆公交车正停在23街，上面写着“C大道”。C大道在东边，富尔顿街也在东边，我想搭这辆公交车也许就能到。我们上了车。这辆公交车沿着东区大道一路疾驰，开过几个街区后又沿着C大道行驶，道路变得狭窄拥挤。一开始，我们经过一个西班牙人和波多黎各人聚居的街区，在更远的市区就主要是犹太人了。很多人在街上握手致意，还互相拍对方的背问候，商店全都关门了。

每次公交车一停下来，司机就会朝人行道上的一些人高声打招呼，而且他好像认识车上的大部分乘客。他会询问他们的工作情况，孩子怎么样，或是在贝尔维医院住院的姑妈情况如何。这种情况在纽约相当罕见，纽约的公交车司机通常表现得好像讨厌所有人一样，尤其讨厌乘客。突然，公交车在C大道转弯，向西驶去。

本看着窗外说道："嘿，这是休斯敦街。我来过这儿的一家大型熟食店。但这已经不是去往下城的方向了。"

"也许它还会转回去。"我说。

它没有转回去。到了第六大道的终点站，所有人都下车了，公交车司机转头问我们："你们两个要去哪儿？"

一个公交车司机这么问，感觉很滑稽。于是我问他："这辆车去哪儿？"

"它从贝尔维医院开到休斯敦街，要过荷兰隧道[①]。"

"老天爷呀！"本惊呼，"我们要跑到新泽西了。"

"放心，我不会去那么远。我这就要回贝尔维了。"司机说道。

"你认为我们离富尔顿海鲜市场还远吗？"我问道。

司机随意指了指。"只需要穿过曼哈顿。"

---

① 荷兰隧道是一条位于美国纽约州纽约市的隧道，穿越哈得孙河，连接纽约市的曼哈顿与新泽西州的泽西市。——编者注

我和本决定在终点站下车，步行过去。公交车司机对我们说：“一路走好。”

“我觉得有点可疑，他说话时嘴里像塞了条鱼，古里古怪的。”本说道。

“这不正是我们想要的吗——鱼。”我回应道。我们一直走，一直走，走了很长一段路。

又走了几步，本看见一家意大利小餐馆，我们停下脚步，望向橱窗里的菜单。今天的特价菜是意大利千层面。本叫道：“噢，正是我爱吃的！”

我们走进小餐馆，我把手放进口袋捏着 1 美元，迅速盘算了一下。千层面要 1 美元，所以不能点。但意大利面加肉丸是 75 美分，点一份这个我还能剩点钱搭公交车回家。

一个服务生跑过来，他手臂上搭着一条白色餐巾，仿佛一条横幅。给我们点好餐，他就离开了。过了一会儿，他又回来了，拿着一条干净如新的白色亚麻桌布，还提了一篮子新鲜的意大利式面包和面包卷。等到他第三次过来时，他拿来了一大罐冷冻黄油，足够一大家子吃了。他还问我们是想在午餐时喝咖啡还是餐后再喝。

我们说餐后再喝。

“哥们儿，这才是生活!”本一边抓起面包一边说。“他对待我们就像对待大人一样。”

不一会儿，服务生端着千层面和意大利面来了，他围着桌子团团转，仿佛在跳舞。“还需要点别的吗？小心盘子很烫，非常烫！祝你们用餐愉快。我等会儿再上咖啡。”

他又翩然离开，手臂上的餐巾带起一缕微风。转眼间他又转到另一桌了。餐馆很小，只有 4 张桌子，但他似乎很享受这份工作，仿佛是在华尔道夫大酒店为皇室服务。我们刚吃完，他就端来了热气腾腾的咖啡和一罐鲜奶油。

我舀了一勺奶油加进咖啡，奶油浮在咖啡上，我突然想到：我们还得给这个服务生小费。

我低声问本：“嘿，你带了多少钱？”

他把手伸进口袋，掏出 1 美元，一枚 10 美分硬币和一枚 25 美分硬币。我们计算了一下。一杯咖啡 10 美分，加上我们点的餐一共是 1.95 美元。我们有 2.35 美元。如果我们只给服务生 10 美分小费，还能剩点钱搭公交车，但这么一来给的小费就有点太少了。

这时服务生又回来给我续咖啡，并问我们想吃什么甜点。

“呃，不用了，什么也不用。”我说。

“吃不下了。”本补充道。

于是，服务生拿来账单，以及一碟自制的饼干，说道：“这是我妻子做的，免费品尝。”

我们谢过他。然后，我看看本，本瞅瞅我。最后我放下我的 1 美元，他放下 1 美元 25 美分。

“谢谢，先生们。谢谢，欢迎再来。”服务生说。

我们走出餐馆，本在阳光下转动起最后一枚 10 美分硬币。我说：“你要正面还是反面？”

“啊？正面。”

硬币停下来，正面，硬币仍归本所有。他说：“我们本来可以多留出一张公交车票钱，但那样小费就不够了，也不行。”

“当然不行，况且那些钱本来就是你的。”

“我们还要去富尔顿街吗？”

“当然。我们得给猫咪弄点鱼。”

“最好是免费的。”

我们步行穿过曼哈顿和下城。我觉得我们大约走过了三四十个街区，幸好饱餐了一顿，也就不觉得路远了。

离海鲜市场很远就能闻到味道。海鲜市场紧邻东河，占据了6个街区，一排排长条棚子被分割成不同的摊位，作为各个批发商的店面。邻近的马路边全是酒吧和鱼鲜餐馆。真可惜没带猫咪一起来，如果带它一起来，它肯定会喜欢闻扔在街上的鱼头、鱼内脏等零碎的味道。海鲜市场的生意大多在早上就结束了，现在商贩们正在冲洗街道，把处理鱼时产生的垃圾扫成一堆。我向一个人要了一个袋子，在垃圾堆里挑选了一些比较干净的鱼块。我挑到一个很棒的红鲷鱼头和一条完整的小鱼，那看起来有点像马鲛鱼。本脸色难看，大概鱼内脏让他想吐，于是我一挑好鱼，他就催促道：“好了，够了，我们走吧。”

我们准备离开的时候，我才意识到我根本没有留意鱼腥味——原来会逐渐习惯这种味道。我们沿着东百老汇街走回上城，中间穿过格兰特街和德兰西街，走了很长一段路。一路上弥漫着各种各样香喷喷的味道：热面包、腌菜、炸鱼的味道。这里是真正的犹太人聚居区，你能从晚餐的香味中闻出节日的气息。很多人穿着他们最好的衣服聚集在外面聊天。一些男人戴着黑色无边便帽，还有些人戴着黑色大毡帽，留着长长的白胡子。我们经过一家电影院，外面围满了人。

“他们不是去看电影的，”本解释道，“他们有时候会在节日包下电影院来聚会。时间快到了，走吧，我得快点回去。”

我们一路小跑着又穿过大约 20 个街区，终于到了第一大道上的彼得·库珀村。

“再见，”本说，“星期三我们一起去上学吧。”

他用手指翻转着 10 美分硬币，渐渐走远。我暗自惋惜，我们本可以用这点钱买块糖吃的，可惜太迟了。

第 十 二 章

红色蝾螈

我和本都选了生物课。犹太新年后的第一个休息日，我们生物课的课外作业是寻找并鉴别一种纽约本土动物，查出它所属的科、种，以及生命周期情况。

“种是什么？”本问道。

“我不知道。生命周期是什么？”

我们不约而同地挠挠头，他说道：“我们认识什么动物？”

我答道：“猫，还有狗、鸽子和松鼠。”

“真无趣。我想要其他人不知道的动物。”

“嘿，螳螂怎么样？我在格拉梅西公园看见过一只。”

本甚至不知道螳螂是什么，于是我向他描述了我见过的那只的样子。它是一种昆虫，长得像条龙，有四五英寸长，浑身浅绿色。它飞起来时像一架小型直升机。我们去了格拉梅西公园，想看看能不能再找到一只，但没找到。

本说："我们星期六去布朗克斯动物园吧，看看能找到什么。"

"你笨哪，他们可不是让你去找狮子和老虎。这些都不是本土动物。"

"你才笨。那里还有别的动物。而且，那里有很多树林和池塘，我也许能找到点什么。"

好吧，星期六去动物园的确是个好主意，于是我同意了。考虑到我们俩都没什么钱，我就用饭盒带了两份午餐。我还带了 6 枚地铁代币，以防万一，又多拿了 2 枚。我可不想又从布朗克斯动物园走回家。

当然，动物园里有很多纽约本土动物：浣熊、土拨鼠、鼹鼠和许多鸟类，我觉得我们应该早点动身回家，去查一下百科全书，弄清楚它们的所属的科、种和生命周期。本仍然想找到某种有意思的野生动物。和很多不怎么去乡村的城市孩子一样，他也对大自然十分着迷。

我们开始返回地铁站。为了让本在路上再搜寻一番，我们特意穿过树林，沿着池塘走。我们踢开石头和枯树枝，看看下面有没有藏着什么小动物。

这么做还真的有用。突然，我们看见一条红色的小尾巴在一截腐烂的木头下一闪而过。我推开木头，本抓住了它。这是一条小蜥蜴，身长不过两三英寸，浑身都是砖红色。本用两只手捧着它，它的喉咙一鼓一鼓的，但并没有想逃跑。

“嘿，我喜欢这个小东西！”本兴奋地叫道，“我要把它带回家，当宠物养着，生物课报告的内容就写它了。彼得·库珀村不准养猫和狗，但没说不能养蜥蜴。”

“你要怎么把它带回家？”

“把午餐倒掉。我是说，我们把午餐吃掉。我要在饭盒盖子上开个洞，让这个‘小红’待在里面。好了，快点吧！我觉得它已经在我手上待得不耐烦了！”

本大多数时候都很冷静，但当他被陌生事物吸引时，就会突然兴奋起来。我猜他以前从来没有抓过动物养。有些人的父母对这种事情的态度非常保守。

我把午餐倒出来，他把蜥蜴放进去，还精心挑选了一些叶子和腐木片放进去，给它营造出家的感觉。他甚至都没问我一句，就拿出小刀在我的饭盒盖子上开了几个洞。我坐了下来，吃起三明治，本还在兴奋得团团转。

“你觉得它是什么？它也许是某种非常稀有的动物！我该怎么查出它的信息呢？你觉得我们回去问一下动物园的人怎么样？”

“唔，不用了吧，”我嚼着三明治说道，“也许我们可以在百科全书里查到它的信息。”

本蹲在一截木头上，木头滚动起来。他向后摔倒的时候，我又看到两只蜥蜴正匆忙逃走。我抓住一只。“嘿，看！我又抓住一只。这只个头更大，颜色更深。”

本从地上爬起来，又高兴得团团转。“噢，天哪，噢，天哪！我现在有两只了！现在它们会很开心！也许它们还会生小宝宝，是吗？”

他忽略了一个事实，这只是我抓的。哦，算了吧，反正我也不想养什么蜥蜴。猫咪可能会一口吃了它。

本从我手里接过蜥蜴，将它放进饭盒。“我要管它叫‘大棕’。”

最后，他终于平静下来，开始吃午餐，每吃一口还要瞥一眼他的战利品。一吃完，他就赶着回家，着急回去给它们盖间房子。他可真像个小孩子。

我们坐上地铁，在布朗克斯区，地铁是在地面的轨道上行驶的。过了一会儿，我看见车窗外的洋基体育场[①]。奇怪，我不记得之前坐地铁来的时候见过这座体育场。列车很快开到了地下，这时我才想起来，之前地铁开到地面上时，我们换乘过一次车。本的眼睛像是粘在了饭盒上，他不停地和“小红”说话，所以我想问他也问不出什么。我就等着看这趟车开到哪儿吧。它开往下城。我们经过一个叫莱诺克斯大道的地方，我想是在哈勒姆区，然后是96街，接着又到了哥伦布环岛。

“嘿，本，我们是在西区地铁上。”我说。

“啊？”他茫然地看了看窗外。

“我们可以从14街步行穿城回家。”

“和你在一起最后总是要走路。嘿，那些多带的代币怎么办？”

“哦，只要走几个街区。我们走回去吧。”

---

① 美国职业棒球大联盟纽约洋基队的棒球场。——译者注

本嘟囔了几句，还是跟我一起步行了。快走到联合广场的时候，我们发现那里挤满了人。事实上，他们把人行道堵得水泄不通，我们几乎没法迈步。本朝人群皱起眉头，说道："嘿，出什么事了？"

我询问了一个男人，他说："你们要去哪儿，小家伙？你们不知道这儿有一场为斯帕克斯将军举行的游行吗？"

我这才想起看过相关新闻，于是戳了戳本，说道："嘿，向前挤吧！我们可以看见斯帕克斯经过。"

"别去挤了，别凑热闹。"

"笨蛋，他可是个将军，还是试飞员、战斗英雄什么的。快来，挤过去看看。"

"别挤了！我要当心这些蜥蜴！"

我走在前面，缓缓从人群中挤到街区中段位置，这里没有那么多人，我们可以站在警察设置的屏障旁。骑警在来回巡视，确保马路上没有闲杂人等。游行队伍暂时还没有过来，但人们已经从高楼窗户往外抛撒一卷卷纸带和大把的彩色纸屑。纸带被风吹得高高扬起，卷成各种奇奇怪怪的蜿蜒形状。小孩子们从警察设置的屏障下钻过去，争抢吹落在地的彩色纸带。本一会儿望望马路，一会儿看看“小红”和“大棕”。

“你觉得他们多久能到这儿?”他焦急地问道。

我们身后已经挤满了人，我们即使想离开也寸步难移。很快，我们看见一架直升机在离市中心不远的地方低空飞行，人们开始欢呼：“他们在那儿！他们来了！”

突然，一群警察骑着摩托车飞速驶过，然后是一辆以每小时 30 英里的速度倒着开的警车，这场面让人目瞪口呆。我还没来得及把视线从倒着开的警车上移开，敞篷车队就开了过来。那个叫斯帕克斯的家伙正坐在一辆敞篷车的后座上，挥舞着双手。我看到他的时候，敞篷车都快开过去了。他长得挺帅。所有人都在疯狂地欢呼，把手上拿着的各种各样的纸扔了出去。我们身旁的两个“小疯子”拿着一盒维提斯牌麦片，他们忙着扔“冠军早餐[①]”。车队刚开过去，人们就冲破屏障，跑到

① 1934 年，维提斯牌麦片首次推出了以棒球巨星卢·格里克为主题的包装，从此以后，该品牌麦片盒上出现过包括奥运会冠军在内的许多冠军运动员宣传图片，因此获得“冠军早餐”的名头，并成为其注册商标。——译者注

马路上。

本弓起身子保护他的宝贝动物，同时大叫道：“快点！我们快离开这里！”

我们先回到我家，因为我记得家里有个木盒子可以给蜥蜴用。我们找出木盒子，把它拿到我的房间。本把多摘的树叶和草铺在盒子里，再把蜥蜴放进去。他认为它们需要大量的新鲜空气和运动。“小红”立刻逃到一个角落藏起来，“大棕”则趴在一片树叶旁，打量四周的环境。

“我们去查查它们是什么吧。”我提议道。

百科全书上说，最小的蜥蜴也有6英寸长，蜥蜴是爬行动物，有鳞片和爪子，不要把它们和蝾螈弄混。[①]蝾螈属于两栖动物，皮肤薄且湿润，没有爪子。于是我们又查了查蝾螈的信息。

就是它，这次没错了。百科全书上的第一张蝾螈图片就很像“小红”，书上说这是一种红蝾螈，拉丁名

---

① 蝾螈是有尾两栖动物，体形和蜥蜴相似，但体表没有鳞片，也是良好的观赏动物。——编者注

叫 *Triturus viridescens*，用我们的话说这就是一种普通蝾螈。

“嘿，说到生命周期，听听这个，”本念道，“它的卵在水中孵化。它的幼体呈暗绿色，第一年夏天会一直生活在水中。随后，它的皮肤会变成鲜艳的橙色，鳃逐渐消失，接着长出肺和腿，然后爬出水面，在树林里生活大约 3 年。蝾螈完全长大成熟后，背部皮肤的颜色再次变暗，又会回到水里繁殖。”

读完这段话，本啪的一声扔下书。“‘大棕’一定是准备繁殖了！我怎么跟你说的来着？我们得把它放到水边！”他飞快地冲到我的房间。

我们来到房间门口，猛地停下脚步。我们看见了猫咪，它正虎视眈眈地趴在盒子边。

我冲过去抓它，可没有哪个孩子能有猫那么灵活的身手。听见我靠近的声音，猫咪一口咬向蝾螈，然后立刻转身就逃，嘴角露出“大棕”的一截尾巴。猫咪迅速钻到床底下。

本尖叫起来：“抓住它！杀了它！他抓了我的‘大棕’！”他已经歇斯底里了，我不怪他。谁看见自己的宠物受伤害都会崩溃的。我抓起一把扫帚，想把猫咪赶出来，但一点用也没有。与此同时，本发现“小红”还安全地待在盒子里，他立马把它放回饭盒。

最后，我们把床搬开，看见猫咪正从容地用爪子拨弄“大棕”。这只蝾螈已经死了。本抓起扫帚猛打猫咪。猫咪发出惨叫，一溜烟逃到客厅。“这只讨厌的猫！我真想宰了它！你干吗要养它呀？”

我向本道歉，并给了他一个小盒子让他安葬“大棕”。你也不能太责怪猫咪，毕竟这是猫的本能——追逐任何摆动和跑动的东西。过了一会儿，本冷静下来，我们继续回去看百科全书，看完了关于红蝾螈的介绍。

“我觉得‘大棕’并不是真的要产卵，不然它早就应该待在池塘里了。”我说道，“听着，我们改天可以带个玻璃瓶再去动物园，在水里再抓一只。”

这个提议让本振作了些。他为生物课报告做好笔记，并临摹了一幅画，然后带着饭盒里的“小红”回家了。我则翻开百科全书阅读关于猫的部分。

猫，属猫科，狮子、老虎也属于猫科，种属为猫种。我开始记笔记：“公元前 13 世纪，埃及人开始养猫……五千万年前，猫科动物的祖先出现在地球上，它是现在所有食肉动物的祖先。三千万年前，渐新世[1]的猫已经高度进化，猫的习性和身体特征在那时已经定型。这也许可以解释为什么家猫仍然保留着野生祖先的许多本能，它们是宠物中最独立的动物。”

我给本打电话，把这一段读给他听，他说道：“去你的！还有你的食肉动物！我的蝾螈可是两栖动物，两栖动物才是地球上所有动物的祖先，包括你和你的猫咪，你们这些坏蛋！”

① 地质时代中古近纪的最后一个主要分期，大约开始于3400万年前，终于2300万年前，介于始新世与新近纪的中新世之间。——译者注

第 十 三 章

科尼岛左岸

哥伦布日那天和圣诞节时一样冷。我在前一天晚上听了天气预报，想知道海滩的天气如何。“大风，异常低温。”气象播报员说。他总是这么说。

不过，这天早上我 8 点半就起床了，希望是气象播报员报错了，今天也许是个大晴天。我穿好裤子和衬衫，和猫咪一起下楼看看外面的天气。猫咪一溜烟跑出去，刚下了一半台阶，一阵冷风袭来，它一下子竖起尾巴，惊慌失措地跑回我两腿间。我赶紧关上门挡住刺骨的寒风。

妈妈正坐在厨房喝茶，她说道：“我的天，今天放假，你怎么起得这么早？你不舒服吗？”

“没有，我很好。”我倒了杯咖啡暖手，又放了三四勺糖进去。

“戴维，你感冒了吗？我看你的样子可不太好。”

“妈妈，看在老天的分儿上，只是因为外面太冷了！我很好。”

“好吧，你不必去外面。你为什么不回床上去，打个盹儿，看会儿书，我会把早餐送过去。”

我觉得迟早得说实话，于是在拿麦片和碗的时候说道：“嗯，事实上，我今天要去科尼岛。”

“科尼岛！”妈妈的口气好像在说西伯利亚，“大冬天的，你到那儿去干什么？”

“妈妈，现在只是哥伦布日。我们想去水族馆，然后，嗯，再四处逛逛。有些摊位还做生意，我们会买点热狗什么的。”

“你和谁一起去？尼克？”

“尼克不一定会去，我会先去他家看看。”我只想尽快跳过“和谁一起去”这个问题，所以开始长篇大论地说起我们如何在生物课上研究海洋生物，我们必须去水族馆做些笔记。妈妈完全接受了这套说辞，但爸爸这时走进厨房，怀疑地盯着我。

“我第一次听说你要把假期用在功课上。我敢打赌你们肯定在耍花招。”

我砰的一声放下咖啡杯。“老天爷呀！难道不把我盘问个一清二楚，我就不能在假期出门吗？你们把我当成什么人了，疯子还是罪犯？”

“只是个在长大的男孩。”爸爸回应道，“还有，和你妈妈说话别这么无礼。”

“我是在和你说话！”

爸爸深吸一口气正要发火，妈妈立即气喘吁吁起来，爸爸赶紧消了火，妈妈不用吸气就能实现这种效果。

爸爸拍拍妈妈的肩膀，狠狠瞪了我一眼，说道：“好了，阿格尼丝，没事了。我没生气。我只是想逗他玩玩，结果他开不起玩笑。”

我开不起玩笑？遇到这种情况，你会怎么做？

我亲了亲妈妈。“别担心，妈妈，我不会去坐过山车。今天过山车甚至都不开。”

在他们开始问更多的问题之前，我抓起一件毛线衫，拿上手套和钱走出门去。在地铁上，我开始担心玛丽不来赴约。自从我们上次匆忙定下这次的约会，已经过去两个月了，而且今天天公还不作美。

科尼岛向来拥挤喧闹，所有的广告牌似乎都在向你叫嚣，拼命吸引你的注意。所以当这个地方变得空荡荡的，就会让人觉得意外，显得很诡异。

今天的科尼岛真是空荡荡的。从地铁站到水族馆，一路经过五六个街区，街上空无一人。但这里并不安静。旋转木马和热狗店等少数几个地方还在营业，隐约有音乐声从这些地方传来。但最大的噪声是风声。所有的招牌都在摇晃，嘎吱作响。垃圾桶被吹翻，桶盖在马路上哐当哐当滚来滚去。大风肆无忌惮地呼啸着。

我压低身体，顶着风走在空旷的街道上，身上的毛线衫就像一张筛网，一点也不保暖。我觉得自己大概是疯了才会到这儿来。没有哪个女孩会在这样的天气去木栈道。这刮的简直就是飓风。

然而，她出现了。我一转过街角到达海滩，就看见一个人影正背对着大海。大风把她的围巾和头发朝我的方向吹起来。我看不见她的脸，但我知道那就是玛丽。

那里没有其他人。我挥了挥手，她耸耸肩作为回应，不愿意把手从口袋里伸出来。

我走上木栈道，站在她身旁，也背向大海。我很想看看大海，黑色的大海翻滚着白色的巨浪，发出雷鸣般的声音。可是，狂风从鼻孔直往我胃里灌，我喘不上气，快冻死了。

“我还担心这种天气你不会来了。”我说道。

“我也是。我是说我担心你不来了。”

“我妈妈和我爸爸认为我疯了。我花了一个小时说服他们。你妈妈说什么了吗？”

“什么也没说。她以为我正独自在风中漫步，进行富有诗意的思考。”

“啊？不会吧？”

玛丽耸耸肩，说道：“我妈妈就这样。你会明白的。走，去我家吧，去喝点热可可什么的暖和一下，然后再想想做点什么。我们可不能傻站在这儿。”

她说得对，所以我没有拒绝。玛丽家离这里只有几个街区，是一栋联体式住宅，有一条倾斜的车道直通地下室车库。这样的设计很巧妙。我爸爸总是为了找停车位而气急败坏。

玛丽走进屋子，大声说道：“嘿，尼娜！我带了个朋友回家。我们要喝点热可可，我们冻坏了。”

我正在想尼娜是谁，没有听见她妈妈走进厨房的声音。我一转身，她就站在我面前。天哪！我们学校是有一些打扮得像披头族的人，但这是我第一次见到一个披头族妈妈。

她上身穿着一件黑T恤，下身穿着一条蓝色牛仔裤，脚上是一双旧运动鞋。她的头发编成长长的辫子，额前的刘海乱糟糟的。

玛丽朝我们俩挥挥手上的炖锅，含混地介绍道：“尼娜——戴维，这是我妈妈。”

原来尼娜就是她妈妈。我伸出手打招呼：“嗯，您好！”

“你好。”她的声音低沉动听。“我以为炉子上煮着咖啡。”

“我换成可可了。”玛丽说道。

“好吧。”尼娜抽出一支烟叼在嘴里，还递给我一支。

我回绝道："我不抽，谢谢。"

"跟我说说……"她热情地问道，声音低沉，"你是玛丽的同学？"

我告诉她，我住在曼哈顿，一次带猫咪来海滩的时候偶然遇到玛丽。这么说显得真实可信，不像是胡编乱造的。但她似乎对猫咪和海滩都不感兴趣。

"在上学吧？读些什么书？"她问道。每个问题都像鱼雷一样向我抛过来。

我想起玛丽形容她妈妈的话，还有诗歌什么的，于是我答道："嗯，上个星期我们学了《强盗》[①]和《金星号遇难记》[②]。它们是关于——我是说，我们正在学习隐喻和明喻。看见今天的大海，我确实能领悟到朗费罗所说的冰冷的……"

我以为自己表现良好，但她再次打断了我。

---

① 英国诗人阿尔弗雷德·诺伊斯（1880—1958）的叙事抒情诗。——译者注

② 美国著名诗人亨利·华兹华斯·朗费罗（1807—1882）的叙事诗代表作。——译者注

“你们不读真正的诗吗？邓恩[①]？奥登[②]？波德莱尔[③]？”

又来三枚鱼雷。“我们还没学到他们。”

尼娜用力吐出一大口烟，愤愤不平地叫道：“什么学校！”随后飘然走出厨房。

我想我看起来有点受惊吓的样子。玛丽笑着把一杯热可可和一盘肉桂吐司推到我面前。“别理我妈妈。她只是看不惯纽约的学校，还有科尼岛的。这里的一切她几乎都看不惯。”

“她在巴黎的左岸地区长大，父亲是艺术家，母亲是作家，他们在家里教她阅读，大概从乔叟[④]的作品读

---

① 约翰·邓恩（1572—1631），英国著名玄学派诗人。——译者注

② 威斯坦·休·奥登（1907—1973），著名英裔美国诗人，20世纪30年代英国“新诗”代表人物。——译者注

③ 夏尔·皮埃尔·波德莱尔（1821—1867），法国著名现代派诗人，象征派诗歌先驱。——译者注

④ 杰弗雷·乔叟（约1343—1400），英国著名诗人、小说家，被公认为是中世纪英国最伟大的诗人之一，英国诗歌的奠基人，被后人誉为“英国诗歌之父”。——译者注

起。她这辈子从没有读过儿童读物。”

“我跟她说的任何关于学校的事情，她都觉得幼稚或愚蠢。我真正喜欢的科学、实验之类的东西，她完全不能理解。”

“我们的科学老师不太聪明，”我这么说，因为她确实如此，“所以我对科学从来就不感兴趣。但我告诉我爸妈，今天要来水族馆做笔记，这样他们才不会大惊小怪。”

玛丽摇摇头，说道：“我们真应该让我们的妈妈互相认识认识。如果我去水族馆，我妈会认为我在浪费时间。不过我还是会去，而且经常去。我喜欢海象。”

“你爸爸是做什么的？”

“爸爸？他在布鲁克林学院教哲学。所以父母对我的要求是一样的。他们总是要我思考，思考，思考。爸爸和尼娜甚至对食物都不感兴趣。偶尔，尼娜会花一整天的时间做些美味的鱼汤或者红酒鸡肉，但是大多数时候，我是家里唯一一个会从思考中抽出时间来做汉堡的人。他们就靠面包卷、咖啡和沙丁鱼罐头生活。”

玛丽把我们的杯子放进水槽，然后打开一个低矮的橱柜。柜子里装的不是锅碗瓢盆，而是一沓沓唱片。她拿出一张《西区故事》，这时我才注意到桌子上有一台唱机。你能相信吗？厨房里竟然放了台唱机！这种左岸的小资生活方式还是有优点可言的。

“我坐在这儿写作业的时候，经常吃点东西，听听唱片。”玛丽说道。这听起来就十分美好。

我问她有没有贝拉方特的唱片，她回答说：“有几张。”但她放了别的唱片。音乐节奏舒缓，但很有力量，让人振奋，觉得自己无所不能。

“这是什么曲子？”我问道。

“交响乐《莫尔道河》，这是欧洲的一条河。这首曲子是一个叫斯美塔那[①]的捷克音乐家写的。”

我在厨房里踱着步，望向窗外。大风仍在呼啸，但已经没那么猛烈。我想起大海，阴沉却充满力量，海面上泛着白色的浪花。我很想到海上去。

---

① 贝德里赫·斯美塔那（1824—1884），捷克作曲家、钢琴演奏者和指挥家。捷克民族歌剧的开路先锋，捷克民族乐派的创始人。——编者注

“你知道今天做什么有意思吗？”我大声说道，“去港口坐船出海，如果你不晕船的话。”

“我们可以去搭斯塔滕岛渡轮[①]。”玛丽说道。

“啊？”我没想到真的有船可以乘，“真的吗？怎么去？”

“走69街和第四大道，挺远的。我坐汽车去过那里。但也许我们可以骑自行车去，如果我们不怕被冻死的话。”

“我们不会被冻死。可到哪儿去弄自行车？”

“你可以骑我哥哥的自行车，他去上大学了。我或许还能找件他的风衣给你穿。”

玛丽找到了自行车和风衣，我们准备就绪，走进客厅，尼娜正坐在那儿一边看书，一边喝一杯葡萄酒。

“我们要骑自行车去渡口，搭渡轮去斯塔腾岛。”玛丽说道。她甚至没有先征求一下她妈妈的意见。

“哦——”一声拉长的低沉回应，隐约能听出一丝

---

① 斯塔滕岛渡轮：往返于曼哈顿岛和斯塔滕岛，是游览曼哈顿和自由女神像的最佳交通工具之一。——译者注

疑问。

玛丽解释道："我们觉得吹着大风去观光，会很刺激。"我则暗想，啊哦，这下没戏了。要是我想在狂风暴雨的天气搭渡轮，我妈妈会急疯的。

但尼娜只是说："我知道了。"然后就继续看她的书。我向她道别，她再次抬起头笑了笑，再没有别的表示了。

除此之外，还有一个有意思的发现，尼娜似乎对玛丽带什么人回家一点也不在意。不像大多数妈妈，如果女儿带了个男孩回家，她们肯定会拼命打听。结果我不假思索地问玛丽："你带过很多男孩回家吗？"

玛丽笑了起来。"不是很多。有时候学校的一个男同学会过来，我们会一起复习，为科学考试做准备。"

我也笑了起来。不过我心里想的是，如果我带个女孩回家，说我们为了考试一起复习，不知道我爸爸会露出什么表情！

第 十 四 章

渡轮之旅

我们骑行穿过布鲁克林时，风从两边把我们吹得左摇右晃，还径直灌进我们嘴里。幸好太阳慢慢出来，而且没有上坡路，所以我们的骑行还算比较轻松。

布鲁克林的这一段路旁大多是连成一排的房子，或是低层公寓楼。房子前面都有一小块草坪。沿街有很多树，一点不像曼哈顿，也不像乡村，就是布鲁克林特有的模样。

突然，我们骑到了一个高尔夫球场边。你能想象吗？纽约市区有个高尔夫球场！

“打过高尔夫吗？”虽然风很大，但同时也把我的话吹到玛丽耳中。我看见她的嘴一张一合，口型好像在说“没有”，但听不清声音。我退后到她身旁，说道：“改天我教你打。我爸爸有一套高尔夫球杆，我打过几次。”

“最好还是我来拎球杆，你来打。我只会打网球。”

我们骑过高尔夫球场，进入一条主干道。这条街上有很多银行和折扣商店，交通十分拥挤。玛丽在前面带路，我们转了几个弯，转来转去，然后从公园大道下面一直骑到渡口。我们从玛丽家骑到这里大约花了一个小时。

我希望渡轮票别太贵，这样我就能多留些钱吃顿丰盛的午餐。就在我走神的时候，玛丽已经推着自行车上了渡轮。她买了她自己的票。好吧，我想这是我喜欢她的原因之一：她很独立。再说，我还可以请她吃午餐。

渡轮真是太棒了！我打算每天都来搭渡轮。今天风很大，但是船身一点也不晃。我们站在船头，大风把浪花吹溅到我们脸上。你可以假装自己在一艘装备齐全的帆船上，在飓风来临之前乘风航行。尽管这只是纽约港口的一艘旧渡轮，但只要你低头看看波涛汹涌的阴沉水面就会明白，一旦被吹到海里，你就完蛋了。

渡轮开得很快，只用了大约 15 分钟就到了目的地。我们在斯塔滕岛下了船，开始考虑去哪儿。不过我知道自己首先应该做什么。

我问玛丽："你喜欢吃什么，汉堡还是三明治？"

"都喜欢，我是说随便。"她答道。

我们第一眼看见的是家熟食店，这是我喜欢的吃饭的地方。我点了一份现做的五香熏牛肉三明治，玛丽说她从来没吃过，也点了一份尝尝。

"斯塔滕岛有什么好玩的地方？"我问道，"我没来过这儿。"

"我唯一去过的地方就是动物园。我去过很多次。有一次女兽医还让我看她给一条蛇做手术。"

一个女孩嘴里正嚼着热气腾腾的五香熏牛肉，却告诉你这么一件事，可真让人大吃一惊。五香熏牛肉三明治很好吃，他们把牛肉卷起来，加了很多橄榄、洋葱和调味料。玛丽也很喜欢吃。

"兽医是个女的？你不害怕蛇吗？"

"嗯，我从没怕过，真的。当你观看手术的时候，注意力都集中在手术台上了，不会去想它是黏糊糊的还是吓人的。兽医是个女的，她在这里工作很长时间了。”

我边听边吃剩余的三明治。然后我们又点了份苹果派。从派的外皮来看——带点焦黄，有些凹凸不平——这里的厨师做得很地道。

“我们要去动物园吗？”玛丽问道。

“好的。”我起身去拿我们俩的外套。等我转身回来时，她已经拿着自己的账单去收银台付款了。

“嘿，午餐我请客。”我抓起另一份账单，一个箭步冲向收银台。

“哦，没关系，”她笑道，“我已经付了。”

我才不管她付没付过钱呢，我就是想请客。我想为这么点小事生气很傻，但这的确让我有些恼火。好吧，怎么才能在一个女孩完全不明白你的心意的时候，为她做些什么呢？

熟食店的人告诉我们怎么去动物园，路程并不远。那是一栋低矮的砖砌建筑，坐落在一个美丽的公园里。大厅里有一些鱼缸，一边侧厅展示各种鸟类，另一边侧厅展示兽类，蛇则在前方展区。

我们先去看蛇。玛丽好像真的很喜欢它们。

她说："这里的兽医喜欢它们，我想是她激发了我的兴趣。你知道吗？人们并不真正了解蛇是如何移动的。我是指，从物理角度而言。她想找出答案。"

我们观赏了大大小小所有种类的蛇，然后去看鸟。管理员正在给它们喂食。鹦鹉朝他大喊大叫，鹈鹕和老鹰狼吞虎咽地吞着鱼和生肉，只有秃鹫呆呆地站在栖木上，看起来有些无聊。也许一片沙漠和一个垂死的老兵才能激起它的食欲。

在兽类侧厅的尽头，一位模样古怪的女士正在和一头昏昏欲睡的老虎说话。

"来吧，亲爱的，就叫一下吧。今天你能不能给我轻轻叫一下？"她对着老虎轻声细语。老虎眨眨眼，看向别处。

这位女士注意到我们站在一旁，说道："它是我的宝贝。14 年来我一直来看它，有时候它会为我放声怒吼。"

她又和狮子说了几句话，然后和我们一起走向小点的猫科动物，一只美洲狮和一只美洲虎。她看了看旁边的笼子，里面是空的，她伤心地摇摇头。

“我最可爱的小美洲豹上个星期死了。你们能相信吗？动物园一直不让我知道它生病了。我本来可以过来帮忙照顾它。我本来可以救活它。”

她继续絮絮叨叨，有时候自言自语，有时候对着美洲狮嘟囔。我们离开她，走进一条水下隧道，看见两只水獭在我们头顶的水中追逐嬉戏。

“她是什么人，是个疯子吗？”玛丽问道，“她以为这是她的私人动物园？”

我耸耸肩，说道：“我想她是有点不对劲。但我的凯特阿姨也是这样，就是她把猫咪给了我。她们只是碰巧更喜欢猫科动物，没那么喜欢人而已。凯特阿姨觉得世界上所有的流浪猫都是她的孩子，我想这位女士对这里的‘大猫’们也有同样的想法吧。”

我们又逛了一会儿，然后返回渡口。我特意走在前面，先去售票处买了两张票。

“你愿意乘坐我的游艇穿过海港吗？”我开玩笑地问道。

“哎呀，当然。我非常乐意。”玛丽回应道。

虽然是一桩小事，却让我心花怒放。

骑车穿过布鲁克林的时候，我看见一家银行的挂钟显示已经傍晚 5 点了。我心里快速计算了一下，说道："啊，我最好给家里打个电话。晚餐前我肯定到不了家了。"

我拨通电话，爸爸接了起来。他今天早下班，真是太幸运了。

"我得把一辆自行车还给科尼岛的一个朋友，"我告诉他，"然后我就直接回去，大约晚上 7 点能到家。"

"你说的一辆自行车和朋友是什么意思？那个朋友是谁？你今天不是已经在科尼岛了吗？"

我想律师就是喜欢问问题。于是我开始解释："嗯，科尼岛太冷了，我们就搭渡轮去了斯塔滕岛，去参观了动物园。现在我们才回到布鲁克林，我在下城，我必须把自行车还回去。"

"'我们'是谁？难道你口袋里装了只老鼠当朋友吗？"

我可以糊弄妈妈，但却糊弄不了爸爸。"嗯，其实是个叫玛丽的女孩。我骑的是她哥哥的自行车，她哥哥去上大学了。"

随即，听筒里传来爸爸的一阵大笑声。

“这有什么好笑的？”

“没什么，”他说道，“没什么。现在我终于明白早餐的时候你为什么发火了。”

“哦。”

“好吧。现在你要做的就是确保那个女孩，以及她上大学的哥哥的自行车，能够平安到家。听见了吗？我会告诉你妈妈，你今天差点淹死，也许她会因此额外留根骨头给你当晚餐。好吗？”

“好的，再见。”

爸爸和他无聊的笑话。哈，哈，哈。不过有趣的是，他会担心我能否把玛丽安全送回家，而玛丽的妈妈反倒一点也不担心。

现在正是晚高峰，我们慢慢向玛丽家骑去。我正在思考怎样才能不用问玛丽要电话号码，不用打电话约她，就能再见到她。我不太喜欢打电话。而且，我可能需要出去打付费电话，这样家里人才不会听见我打电话，但这会让我觉得自己在干蠢事。

这时，我们又路过高尔夫球场，我猛地拍了一下车把手，说道："嘿，对了！"

"什么对了？"

"高尔夫。我们去打高尔夫吧。我说的不是现在。下个假期吧，很快就要到选举日了。我会带上我爸爸的球杆，乘地铁，和你在这里见面。10点怎么样？"

"啊？"玛丽十分惊讶，"嗯，我想我可以试着玩玩，反正不行的话，我还可以在球场转转。"

"很简单的，我会教你。"我只打过两回高尔夫，其中只有四五次真正击中过球，不过击中的时候确实觉得很简单。

我们到了玛丽家，我把自行车放好，把她哥哥的外套还给她。"天晚了，我得走了。选举日见。"

"好的，再见。还有，谢谢你请我搭渡轮！"

第 十 五 章

美元和猫咪

感恩节前的星期三晚上，我去熟食店买了些可乐，准备好好在家看电视。正好汤姆刚结束花店的工作，我问他要不要来我家坐坐。

“不了，谢谢。我明天还要早起上班。”听起来他不太高兴。

“工作怎么样？”

“我觉得，还好吧。”我们结伴走了一小段路。“工作并不差，但我不想一辈子都做花匠，我也看不出这份工作有其他的发展空间。”

这话的确没错，而且没有固定的节假日肯定也很难受。“你明天得工作一整天吗？”我问道。

“早上7点我得来开门，然后把已经接下的订单完成。要工作到下午三四点吧。”

“嘿，要不要来我家吃晚餐？我们要到很晚才开饭。”

汤姆咧嘴笑了。“是你做饭吗？你最好先问问你妈妈。”

“我妈妈不会有意见的。这样吧，我先去问问她，明天再来花店告诉你一声，行吗？”

“嗯，当然可以。谢谢。我本来约好了希尔达明晚见面，但她要先和家人一起吃饭。这样正好。”

“好的，明天见。”

“好的。”

妈妈很高兴汤姆来家里吃饭，于是我一大早就去告诉了他。而且妈妈还邀请了凯特阿姨来家里吃晚餐，这可是一次很大的进步。我是指对凯特阿姨而言。我以为她会拒绝邀请，不过，没人忍心伤害妈妈的感情。当然，凯特阿姨以前来过我家，但也只是过来聊聊天，喝喝茶，算不上正式邀请。

晚上，凯特阿姨来了，她看起来仿佛来自另一个世界。除了旧裙子和运动鞋，我从没见过她穿别的衣服，今天她穿的这身“好衣服”，肯定已经在衣橱里挂了 20 年了。她身上的裙子和鞋子都过时了，她还拎了个真正老式的黑色漆皮手提包。通常她只会拎个旧的购物布袋，里面大多时候都装着猫粮。总结一下就是：凯特阿姨生活在一个只有她自己和猫的世界。我从没见过她尝试融入这个平凡的世界。

但是，猫咪还是一下子就认出了她，“新衣服”并没有糊弄住它。猫咪蹭了蹭她的腿，跳到沙发上，蜷卧在凯特阿姨身旁。不过，它仍然半睁着眼，盯着厨房的烤箱门，烤箱里正烤着火鸡。

随后汤姆也来了。他也衣着正式：白衬衫、领带、夹克衫，我第一次见他穿成这样。他坐到猫咪的另一边，猫咪漫不经心地向他伸出一只爪子。

凯特阿姨和汤姆一起坐在沙发上，看起来略显拘束。我脑子里冒出一个有趣的想法：我家像凯特阿姨收留无家可归的流浪猫一样，开始收留起人来了。当然，凯特阿姨和汤姆并不是无家可归。他们是孤家寡人，不属于任何一个家庭。我觉得妈妈就是喜欢照顾别人，所以她很高兴请他们来吃饭。

我开玩笑地问凯特阿姨："今天有多少只猫在你家吃感恩节晚餐？"

她抚摸猫咪的手停了下来，想了一会儿答道："嗯，苏珊刚生了4只小猫，它们才睁开眼睛。1只是漂亮的小橘猫，其余3只都是虎斑猫。另外还有2只大点的小流浪猫，1只老流浪公猫，总共8只。有时候猫的数量比这要多。"

"房东不反对吗？"爸爸问道。

凯特阿姨轻哼一声。"他反对？！哼！我可是付了房租的。而且我给门上加装了挂锁，他没法来查看。"

我们都坐下吃晚餐。爸爸把火鸡脖子给了猫咪，它在厨房里大快朵颐。它吃完火鸡脖子，又过来蹲在桌旁，眼巴巴地盯着我们吃饭。凯特阿姨给了它一点碎火鸡肉。我可不会这么做。我觉得她并不喜欢吃火鸡，她总是严格执行她的食谱：水果和干酪。

吃过晚餐，汤姆去见希尔达，我送凯特阿姨回家，随手拎了一袋剩饭剩菜和火鸡杂碎带给她的猫吃。到了凯特阿姨家门口，她正手忙脚乱地掏出两串钥匙开门，隔壁屋子里一个男人探出脑袋。"刚才送信的来过，有一封电报给你。他不让我转交。”

“一封电报?”凯特阿姨惊讶地重复道。

“是的，他还会再来的。”那个男人一副幸灾乐祸的表情，仿佛已经把坏消息带给了别人。然后他就缩回脑袋，关上了门。

我们走进凯特阿姨的公寓，猫咪们喵喵叫着朝她腿上蹭。她把袋子放在水槽上，它们纷纷跳上去，抓挠装有火鸡杂碎的袋子。凯特阿姨语速飞快地自言自语，同时心不在焉地摆弄着外套和袋子，根本没去关注那些猫，这很反常。

“很多人会在节日发电报，可能只是节日问候。”我安慰道。

“不会给我发的，他们不会!”凯特阿姨厉声说道，听起来她希望最好别有人给她发电报。

我走过去和小猫玩。橘色的那只是一窝里最强壮的，它已经能从箱子里爬出来了。它爬出来追着我的手指玩。凯特阿姨喂完大猫，大步走过来，一把把它抱进箱子里。“好好待在里面，不然会被踩到的。”说完她又把苏珊放进箱子，让它和它的宝宝们待在一起，方便照顾它们。

这时门铃响了，凯特阿姨猛地打开门，把那个上了年纪的小个子邮差吓了一大跳，他正睡眼蒙眬地靠在门边。

“别着急，女士，别着急。在这儿签个名就好。”他说道。

她签好名，把笔还给邮差，砰的一声关上门。这时小橘猫又跑了出来，凯特阿姨一边穿过房间，一边拆电报，差点一脚踩到它。它还太小了，不知道要躲开人的脚。幸好我及时抱起它放回箱子。

凯特阿姨看完电报，坐了下来。此刻她看起来十分平静。她开口道：“哦，他死了。”

“啊？谁？”

“我哥哥。他是这个世界上我所认识的人里唯一会给我发电报的。现在他死了。”

她又看了一遍电报。我不知道该说很遗憾还是别的什么。我一直以为听说家人去世，人们会号啕大哭、手足无措。凯特阿姨却表现得十分平静，只是神情有些古怪。

“他是病死的吗？”

凯特阿姨摇摇头。“我不知道。我已经有 20 年没见过他了。”

沉默了片刻，凯特阿姨继续说起来，半是自言自语，半是对我说。“吝啬的老混蛋。他从不和任何人说话，除非关系到他的钱。他只在乎钱。有一次，他想让我给他一些钱投资，那是我最后一次见他。他在布朗克斯有栋老房子。我们俩一直合不来，小时候就这样。”

“他有妻子或别的家人吗？谁发来的电报？”

“他有个女管家，和他一样吝啬。她总是给他买过期的面包和漏气的汤罐头，因为这样的更便宜。她正合我哥哥的心意，替他省钱，也从不和他说话。噢，现在她能得到他的钱了，如果他有留下什么钱的话。她一直就在等着这一天。就是她发来的电报。”

我思忖着，20 年不和自己的哥哥联系，这可是很长的一段时间哪，而且他住得并不远。我十分诧异。她不会只是对哥哥毫不在意，他们一定非常怨恨对方，同时还很憎恨这个世界。这不禁让人好奇，他们的父母是什么样的人，怎么会养出一个长大后只爱猫的女儿，一个只爱钱的儿子。

凯特阿姨一边抚摸着老公猫的脑袋，一边凝视着窗外。我突然意识到：这个世界上没有一个人可以让她爱或恨了。我也喜欢猫，可是，如果这个世界上没有了让我在乎的人，感觉可不太妙。我轻轻说了声“再见”，就离开了。

第 十 六 章

意外之财

我把凯特阿姨收到电报的事告诉妈妈后，她说，“我总在想这个可怜的人有没有什么亲戚，现在她失去了唯一的哥哥。这可真让人伤心。”

“我想真正难过的是，她 20 年来从没和他说过话。我还一直希望自己有个哥哥呢。”我回应道。

“如果那是她唯一的哥哥，她就得去处理跟他的财产有关的事情了。”爸爸说道。爸爸的律师脑从不休息。不过，我认为他说得有道理。凯特阿姨要怎么应付那些律师、殡葬师或其他人呢？她几乎无法和这样的人正常沟通。

“她要做些什么呢？”

“或许我明天最好去看看她，”爸爸答道，“她要做很多事，要看看她哥哥有没有留下遗嘱，有没有欠税，有没有房产需要处理或出售。一两句话可说不清楚。”

“凯特阿姨说他是个守财奴。也许他留给她百万家产。如果真是这样，那可太棒了！”

“不要胡说八道！”爸爸喝道，他听起来真的很生气，于是我就闭了嘴。

第二天一早，爸爸让我过去看看凯特阿姨怎么样了。“考虑到她不愿意和人打交道，我不想贸然打扰。我大概过 10 分钟再过去，装作要去接你看电影什么的。”

我走到第三大道的转角处时，突然停了下来。有两辆报社的车停在凯特阿姨家的公寓大厦前，一辆红色一辆黑色，还有一大群人聚集在人行道上。我挤进人群。

“那个疯子猫女士……他肯定也是个疯子……给她留了 100 万……一大群有钱的猫，你怎么想……”

所以我猜中了，凯特阿姨的哥哥真的给她留了钱。但突然之间，我觉得这并不是“很棒”的事情，这可能是个大麻烦。我从人群中挤出去，上了楼，没人阻拦我。当我推开凯特阿姨家的门，那只老公猫蹿了出去。

它跑了，我知道它为什么这么做。

凯特阿姨的房间很小，此时看起来好像塞满了人。其实，也许只有五六个人，但摄影师们正互相推搡着抢着拍照，记者们则在叽叽喳喳地抢着采访。

小橘猫先是从箱子里探出头，接着就爬了出来，在一双双人脚间钻来钻去。我把它抱起来放回箱子，然后挤过人墙，想靠近凯特阿姨。她已经被逼到一个角落，急得快要跳窗了。她双臂交叉放在胸前，两只手紧紧抓住胳膊肘，似乎想抱紧自己。一个手里拿着采访稿的记者正朝她步步紧逼。

“卡迈克尔小姐，”——有意思，我以前甚至不知道她姓什么——“我只想问一两个问题。你能否告诉我们，你最后一次见到你哥哥是什么时候？”

“不，我不能。”她怒气冲冲地说道。她缩着脑袋，一心只想钻到墙缝里去。

“你打算怎么处理这笔钱？”一个摄影师问道。他拎起一只体型较大的幼猫，一把把它扔给凯特阿姨。小猫攀在她身上，摄影师又说道：“现在抱住它，让我拍张照片。”

说完，他后退了两步。

他退第一步时，房间里很安静。退第二步时，房间里突然响起尖厉凄惨的猫叫声。他踩到了那只爱冒险的小橘猫。

尖叫声把我们都吓呆了，只有凯特阿姨例外。她当即明白发生了什么，立刻从墙角冲了出来。那只小橘猫在痛苦地抽搐，鲜红的血从它的嘴角流出来，它半闭着眼睛，发出微弱的呻吟声。凯特阿姨给了小橘猫仁慈的一击，结束了它的生命。然后，她抱起小橘猫柔软的身体，用一条毛巾把它仔细地包好，放进了一个纸箱里。

这一刻，空气像是凝固了，房间里鸦雀无声。凯特阿姨呆在原地，似乎把所有人都抛到了脑后。有两个摄影师急匆匆地朝门口跑去。那个踩到小橘猫的摄影师一边挪动脚步，一边战战兢兢地说："天哪，女士，我不是有意……我真没想到……"

凯特阿姨猛地转过身，朝他吼道："滚出去！你们都给我滚出去！别来烦我和我的猫！我从没请你们进来！"

就在这时，我爸爸走了进来。他自然不知道小橘猫的事情，但他猜到了大概的情况。他把剩下的两个记者打发了出去。他给了他们自己的名片，还告诉了他们我家的地址，让他们稍后再和他联系。

这时我突然膝盖一软跌坐在沙发上，目光不由自主地转到那个小纸箱上。它本来会长成最强壮的猫咪。我从没真正亲眼见过什么东西被杀死。这实在太吓人了。

爸爸努力让凯特阿姨平静下来。凯特阿姨和爸爸面对面，紧紧抓住他外套的两个袖子。“我该怎么办？我能做什么？我不想要他的钱。我不想要任何人的任何东西。我只想一个人待着！”

“别着急，凯特，别着急。你不用让任何人进你的家。至于遗产的事情，嗯，我会帮忙处理的。”爸爸转头示意我回家把妈妈叫来。

我回家向妈妈说明情况，她和我一起来到凯特阿姨家。一个摄影师和几个记者还在附近转悠，我们走到门口时，那个摄影师突然给我和妈妈拍了张照片。妈妈匆忙跑上楼。我虽然很生气，但心里也因为照片可能会上报而暗自窃喜。

“嘿，小孩，”一个记者挤到我面前，“说点有关卡迈克尔小姐的事吧。她是不是一直行为古怪，比如会在街上自言自语之类的？”

我知道他想编造什么。虽然从某方面说这是真的，但如果你真的了解凯特阿姨，就会知道事实并非如此。不论如何，我不同意这种说法。于是我回应道：“不是，她很正常。她只是有点怕跟别人接触，她只是喜欢猫而已。”

“她有几只猫？”

最多的时候，凯特阿姨养过12只猫，但我再次敷衍道：“她养了只母猫，还有它生的小猫。有时候还有一两只流浪猫。别轻易相信那些在附近乱晃的笨小孩的闲话。”

“她继承了所有财产，你认为她会买栋大房子，给流浪猫一个家吗？”

我耸耸肩道：“我不知道。她不想要那些钱，她只想一个人待着。”

“不想要钱！”摄影师插话道，“天哪，她一定是真的疯了！我要回办公室了。”

那个记者说要再等等，想和我爸爸再聊聊。我则上楼去看看情况怎么样了。

只见凯特阿姨坐在沙发上，抽着鼻子，擦着眼泪，嘴里还嘟囔着什么，但看起来平静了许多。妈妈在泡茶，爸爸正挠着头望着窗外。

凯特阿姨哽咽一声，深深吸了口气，说道："告诉他们，我不想要他的臭钱。告诉他们，把钱给别人吧。告诉他们，离我远点。我只想要自己的家和我的猫。他们不能让我搬家，是吗？我已经在这里住了30年了，我不想去别的地方。"

她又哽咽了几下，吸了吸鼻子，妈妈给她端了杯茶。小猫跳起来想看看这是什么好东西，然后就依偎在她腿上。凯特阿姨抿了一小口茶，又接着问爸爸："他们不能让我搬家，是吗？"她好像特别担心这个问题。

"不能，"爸爸答道，"只是……"

这时一阵敲门声打断了爸爸的话，我走过去把门打开一条缝。一个自称是房东的家伙站在门口。凯特阿姨一听见他的声音，就朝他大吼起来："我给过房租了，像往常一样月初就给了。别来烦我！"

"是猫的事情，"他说道，"外面的人说你养了十几只猫。你知道，有法律规定的。"

房东看起来邋里邋遢，是那种爱发牢骚的人。说起关于养猫的法律规定，他一脸的趾高气扬。

凯特阿姨跳起来朝他嚷道：“我没有违反任何法律。我了解你。你就是想把我赶走，好用更高的租金把房子租出去。你离我远点！”

房东抱怨道：“毕竟有法律规定。我不希望我的房子里有人违法。”

爸爸走过来，告诉那个男人，这里只有一只母猫和它的小猫崽。“现在这里还收留了几只流浪猫，但我会把它们带回家。”

“毕竟有法律规定。而且，我有权检查房子。”爸爸没有让他进来的意思，他只好慢吞吞嘟囔着离开了。

“把门锁上，”凯特阿姨突然厉声说道，“我要把门一直锁着。”

爸爸说要回家打几个电话，想想接下来该怎么办。他记下凯特阿姨的哥哥的名字和地址，向她确认是否真的没有其他亲戚了。她说她从来没听说过其他亲戚。爸爸走后，凯特阿姨坚持要我把门锁上。

凯特阿姨站起身，忙着给猫弄吃的。她自己几乎不吃肉，却给它们买了鱼和鸡肝。她在后门听了一会儿，确定没人在外面，然后打开门，把纸箱拿出去。那只爱冒险的小橘猫就这么走了。你不得不佩服凯特阿姨，她不会因为猫而伤心落泪。小猫死了，就是死了，仅此而已。她不会因为这个柔软的小毛球而闷闷不乐。事实上，面对任何与猫有关的事情，她都表现得理性而勇敢。它们是她的家人。如果换成是我，我不知道自己能否像她一样结束小猫的痛苦。

如果没有意外之财，凯特阿姨会过得很好。不过，一旦有人来打扰她的生活，她就需要像爸爸这样的人。

妈妈说要再待一会儿，让我先带着那两只小流浪猫回家，以防房东回来找麻烦。

“好的，太棒了！这下猫咪有伴了！”

凯特吸了吸鼻子，说道：“它不会高兴的。猫都不喜欢其他猫闯进自己的地盘。”

当然，她说得对。我把小猫带回家，猫咪就朝它们愤怒地低吼，还把它们赶到厨房的暖气管下面。然后它就守在门口，恶狠狠地瞪着它们。

事情逐渐平息下来。我和妈妈，有时候还有汤姆——只要他刚好在街角的花店——会轮流去看望凯特阿姨，帮她买点东西，或是陪她一起出门，以免她被人打扰。但很快，附近的人就忘记了她和遗产的事。他们看见凯特阿姨仍然在买同样的猫粮、白软干酪和水果，可能以为整件事都是子虚乌有。

但遗产的事并非子虚乌有。爸爸找到了凯特阿姨的哥哥留下的遗嘱。他安排好了自己的葬礼，给女管家留了些东西，还给上城一家小餐馆的老板留了些东西。他每年都会去上城两次，去买更多的股票。每次他都会顺路去那家餐馆享用一顿丰盛的大餐。这可能是他花钱最大方的时候。至于其他财产，他全都留给了凯特阿姨。

爸爸说，可能要花几个月甚至几年的时间来清点这些遗产。他告诉凯特阿姨可以把继承的遗产委托给银行的信托基金管理，他们会负责办理所有法律、税务等手续，并付给她投资收益。另外，如果她想，也可以用这笔钱给猫建造一个猫之家，不过这可能会让她那个守财奴哥哥气得从坟墓里爬出来。我曾经问过她想怎么处置这笔钱，她说可能会捐些钱给儿童援助会，因为和流浪猫一样，纽约也有很多流浪儿童需要救助。很好，她能开始学着为人着想了。

第十七章

电话号码

没有女孩的电话号码确实很不方便。我和玛丽本来约好选举日这天去打高尔夫球，结果未能如愿。首先，我得了流感卧病在床，妈妈无论如何都不让我出门。其次，这天下起了倾盆大雨。因为没有玛丽的电话号码，我没法通知她。我甚至不知道她家的地址，连信都没法写。

等我的流感好了，就忙着过感恩节，接着又是凯特阿姨的事。我就这么一声不响地放了她鸽子，时间越久，我越觉得内疚。我也没有勇气去科尼岛找她。其实我只要去了，就能找到她家。

到了圣诞节假期的第一个星期，一天傍晚，家里的电话响了，爸爸接起了电话。只听他说："请稍等一下。"从他的语气我能听出对方是他不认识的人。

"一位年轻的女士找你，戴维。"他说完就饶有兴趣地看着我倒吸了一口气。

"喂?"一个相当紧张、干涩的声音问道，"是戴维，嗯，米切尔吗? 嗯，我是说，养猫咪的那个戴维?"

虽然对方的声音有点奇怪，好像在害怕什么，但我还是听出她是玛丽。

"哦，你好!"我说道，"当然，就是我! 之前约好打高尔夫球的事情，我很抱歉。那天我得了流感，只能躺床上休息，又不知道你的电话号码或是……"

"哦，没关系，"她回道，"我只是想弄清楚发生了什么事。"

之后是一阵短暂的沉默。我看见爸爸咧着嘴在笑，还假装在看报纸。我背过身去，这样就看不见他。

"你现在在哪儿? 在科尼岛吗?"我问玛丽。

"没有，其实我在梅西百货。"她的声音越来越小，但很快她又提高声音说道："其实，这就是我打电话来的原因。我本来和妈妈约好了下午 5 点在这儿见面，但她没有来。我买了一大堆圣诞礼物，可是忘记还要算上税费什么的，现在我只剩下最后一点钱打这个电话了。”

说到这儿她停了下来。我现在知道她的声音为什么听起来有点害怕了，我的心也跟着紧张起来，因为如果她打电话的钱用完了，电话断了，她该怎么办？梅西百货太大了，我根本没法找到她。

“爸爸！”我叫道，“我认识这个女孩，她现在在梅西百货的电话亭里，她的电话费快用完了。而且，她没有多余的钱了，我该怎么办？”

“问她要电话亭的电话号码，稍后你再打回去。拿着——”他递给我一支铅笔。

谢天谢地。真好笑，我就没想到这么做。大家可能都不会去想电话亭的电话也有号码。

玛丽听起来也松了一口气。我记下电话号码，打了回去，爸爸不时地给我们提出建议。我们最终商定我去梅西百货找她，在靠近 34 街和百老汇大道的百货公司一楼见面，那里有一个卖伞的柜台，一把伞卖 2.89 美元。玛丽说她可以从电话亭看到那个柜台。

“好的。”我回应道。我有点不想挂断电话，这样聊天很有意思。于是我继续说道："对了，你家里的电话号码是多少？万一我们在梅西百货没找到对方，以后我好给你打电话。"

"科尼岛 7-1218。"

"好的。那就再见了，我马上过去。我是说，去梅西百货。"

我抓起外套，确认了下带没带钱。爸爸问我会不会带她回来吃晚餐。

"哎呀，我不知道。"我现在可没工夫想一会儿做什么，"我想可能吧，也许吧，如果她妈妈到时候还不来的话。反正到时候我再给你打电话。"

"好的。"爸爸回应道。

我出了门，在晚高峰的人群中穿梭，冲向地铁站。因为临近圣诞节，所有的商店晚上都开门营业，所以来往的地铁里也都挤满了人。

我来到梅西百货的约定地点，一眼就看见了玛丽。其他人都在匆忙地走来走去，吵吵嚷嚷，只有她一脸茫然地站在那里。事实上，她看起来特别像个流浪儿童，所以我开口第一句话就是："嘿！我们去吃点东西吧？"

“好的，我饿坏了。我本来要去买个甜甜圈，结果发现钱都花完了。”

“要不然去我家吧，你可以和我们一起吃晚餐。不过，你妈妈怎么办？她会不会正在到处找你呢？”

玛丽动了动双脚，看起来十分疲倦。“我不知道。要是她来了发现我不在的话，可能会找我吧，她可能会以为我回家了。”

我低头想办法，不过周围全是挤来挤去的行人时，很难思考问题。玛丽已经拎起了两个大大的购物袋，我从她手里接过袋子，仍然在思考。走到地铁站入口时，我看见了电话亭。

“这样吧，”我说，“你为什么不给家里打个电话，看看你妈妈是不是给留了言什么的？”

“嗯……”玛丽站在电话旁，看起来不知所措，事实上她快哭了。我顿时觉得我们最好还是去我家，找个安静的地方坐下来休息，过个 15 分钟再打电话也没关系。

我们很快就到我家了，我向爸爸妈妈介绍了玛丽。她一下子瘫坐在最近的一把椅子上，脱下鞋子。

“不好意思，”她说，“这双鞋是我刚买的，穿着太难受了！”

她动了动脚趾头，脸色看起来好了点。妈妈递给她一双拖鞋，爸爸递给她一些薯片。

“事实上，我就是喜欢花时间到处逛逛，看看有什么可买的。我有两个小表妹，其实并不需要给她们买很多东西，但我喜欢把所有的玩具都看一遍。我在玩具区逛了很久，然后才急匆匆地去买其他东西。到处都挤满了人，标价和销售税把我弄糊涂了，最后只剩了 10 美分。我又找不到我妈妈，或许她根本就忘记过来了。”

她伸出脚趾头蹭蹭坐在她前面的猫咪。“我不知道该怎么办。当时脚痛得我没法思考。”

“确实如此。”妈妈表示赞同，然后她去厨房准备晚餐，爸爸则建议玛丽给家里打个电话。玛丽的爸爸接的电话，说她妈妈留了口信，有事耽搁了，认为玛丽可以自己回家。玛丽把我家的地址告诉了她爸爸，说她会在晚上 9 点回家。

今天是我们的幸运日，因为我们享用了一顿美味佳肴：鲜美的完整肉片，不是捣碎的肉泥，还有奶酪土豆和沙拉，甚至还有一块从面包店买回来的柠檬酥皮馅饼。

吃过晚餐，我们歇了一会儿，爸爸让我送玛丽回家。他给了我钱，让我坐到地铁终点站后直接打车到玛丽家。玛丽把地址报给出租车司机的时候，我在心里默念了几遍，记了下来。

我突然想起一件事。“对了，你怎么知道我的电话号码？”

“我查到的，”她轻描淡写地答道，“电话簿上曼哈顿大约有20个叫米切尔的人，但只有一个住在东二十几街，我猜那一定是你。”

“哦，没错。你当时肯定很难熬，站在电话亭里，脚很痛，还要一个个找出所有米切尔。”

玛丽说道：“哦，没有。我是在几个星期前一个下雨天的下午在家查的。”

哎呀，你能听出点什么了吧。

第十八章

"敬猫咪！"

两只小流浪猫对我家渐渐熟悉起来。不知怎么的，猫咪已经让它们明白了它才是家里的老大。当猫咪不忙着睡觉的时候，会时不时追着它们玩。

至于要把猫养在我房间里的规定，早就被抛到九霄云外了。主要原因就是，妈妈真的很喜欢它们。她会趁没人注意的时候给小猫喂一碟奶油或几块汉堡。她还喜欢在厨房和它们说话。只要她不去抱它们，它们只是在房间里待着，这并不会让她犯哮喘。

猫唯一一次惹麻烦是一天晚上，爸爸回到家，两只小猫从他的两腿间嗖地滑到客厅，猫咪则紧追在它们后面。爸爸脱下帽子驱赶它们，并隔着客厅朝我吼道：

“嘿，戴维！你什么时候处理掉这些猫？我可没打算在这里建‘凯特猫之家分部’！”

“我相信戴维会为它们找到家的。”妈妈安抚道，但她有点喘不过气来，每当她担心我们中的一个发脾气时就会这样。

事实上，通过养猫我们似乎确定了一件事：我和爸爸的争吵才是导致妈妈哮喘的主要原因。所以我们俩都尽量表现得好点，曾经会引起我们争吵的问题，比如我的爵士乐唱片，现在我们会以互开玩笑的方式解决。但有时我们还是免不了大吵一架。

在学校的第一学期我选了一门历史课。这门课很没意思，尽是一些关于政府和公民的说教。第二学期我改选了音乐课。学校方面没什么意见，但爸爸不同意。我把新课表带回家时，他立即问道：“这学期你怎么少选了一门课？”

我解释说我选了音乐课，还有生物、代数、英语和法语。

“音乐！”他不屑地说道，“那是消遣，不是课程。你可以在业余时间学！”

“爸爸，这是一门课。你觉得让我在家放一小时唱片就算上课了？”

“就应该这样，”他咕哝道，“要我说，你大可不必在学校这样混日子。”

“混日子？”我叫起来，“我已经选了4门主课，比很多孩子选得都多！”

妈妈走了过来，建议爸爸最好和我一起去学校，找老师讨论一下。他真的去了，不过，这一次我赢了，这学期我可以上音乐课。但他明确表示从明年开始，我一个学年要上5门主课：英语、法语、数学、化学和欧洲史。到时候我还有时间喘气都谢天谢地了。

我下楼到花店找汤姆发牢骚。这时已经过了情人节，正好店里的生意比较冷淡，老板也不在。

“我爸爸为什么非要干涉我学习的事？难道他认为学校不知道自己在做什么吗？”

“唉，算了，”汤姆安慰道，“你爸爸是那种必须手把手送你上大学或让你找到工作的人。有时候学校确实会让学生上一些轻松的课。他们轻松一时，以后就会难过了。”

“哈。他就是想指挥我做的每件事。”

“也就是说——他关心你呀。”

“哈。”我没想到他会这么说，但我想起汤姆的爸爸，他一点也不关心汤姆。我不由得琢磨起来。

“而且，”汤姆继续说道，“你和你爸爸之所以总是争吵，一半是因为你们太像了。”

“我？像他？”

“当然。你们都没耐心，又爱替别人操心，什么事都想探究一番。哪怕地上有根骨头，你们都要操心。”

这时帕伦博先生回到店里，汤姆转而忙着打理花花草草，我就回家了。一路上我想着自己是不是真的很像爸爸。我以前从没想过这一点。

我和爸爸的争吵其实很有意思，每次吵完，我们俩就能非常轻松和平地相处一段时间，每当这时我就会想：嗯，他并不是真正的坏人，我在长大，我们可以达成一致意见，诸如此类。然后，轰的一下！我都不知道怎么开始的，我们俩就又吵上了。我们就像挣脱束缚的龙，互相喷着怒火。

华盛顿诞辰日[①]那天学校放假。这太好了，因为假期前一天的星期二晚上有我想看的电视剧，之前我几乎没机会看。这部电视剧名叫《穿越》，里面的人物都很真实，不是单纯的好人或坏人。每集总有一个角色贯穿始终，情节扣人心弦，最后的结局总是出人意料，你到最后才会发现这个角色不是普通人，而是超自然人物。这部剧一直播到晚上 11 点，平时上学的晚上妈妈不让我看。

这天晚上，我早早地为看电视做好了准备：在地板上放好几个靠垫，还在触手可及的地方放了一瓶汽水和一袋爆米花。剧集一开始是一片农场、山脉等自然风光，有个小孩子在和祖父玩耍。这集出场的人物众多，但渐渐地，那个和蔼可亲的祖父越来越让人怀疑。他竟然在雷雨天带着孩子出去散步。

然后，当然，我们必须看广告。广告终于放完了，

---

① 美国为庆祝第一任总统乔治·华盛顿诞辰而设立的节日，原来是在其生日 2 月 22 日放假，后改为 2 月的第三个星期一放假。——译者注

爸爸来了。

“嘿，戴维老伙计，我们今晚还是看点更精彩的节目吧。州长和市长正在就纽约市的校园整顿进行电视辩论。”

一开始我以为他在开玩笑，所以嘟囔道：“谁关心这个？”

可是，他真的换了频道。

我急得跳起来，带翻了那瓶汽水。“爸爸，这不公平！我正看到一半，为了看这部剧我已经等了好几个星期，因为平时上学的时候妈妈不让我看！”

爸爸继续调试他要看的频道。“换个节目，看看真实的节目对你有好处。明晚还会播另一部西部片。”

这是压垮我的最后一根稻草。我咆哮道：“瞧见了吧？你甚至不知道自己在说什么！我看的不是一部西部片。”

爸爸严肃地看着我。“你用不着为那种节目发这么大的脾气。够了，听话。去拿块海绵把地上的汽水擦干净。”

“都怪你！你自己去擦干净吧！”我气得口不择言。

我穿过客厅，跑回自己的房间，砰的一声关上门。

我听见电视节目继续放了几分钟，然后爸爸把电视关了，走进厨房和妈妈说话。过了一会儿，他过来敲我的房门。敲门——有点意思，他通常都是直接闯进来。

“好了，你瞧，戴维，我们可以冷静地处理一些事情。你妈妈说她答应过让你看那个节目，不管那是什么节目。好吧，去吧，你可以看完它。”

“是啊，现在节目都快结束了。”我还是很生气，而且爸爸还站在我门口，我觉得他还有话要说。

“但不管怎样，你不应该为了个电视节目发脾气，冲我大叫‘你自己去擦干净吧’。”

“唔。”

“唔？没了？”

“哦，我认为你不应该在我看到一半的时候换台，你甚至都不知道演的是什么。”

这次轮到爸爸回了个“唔”，我们都站着，逐渐冷静下来。

我看了看手表，10点45了。我说道：“好吧，我也许还能看到结局。抱歉发那么大脾气。”

爸爸从我房门口走开。他开口道：“从今往后，我只会在电视节目开始前就关掉电视，不会等你看到一半才关。”

我刚打开电视坐好，门铃响了。

爸爸去开门。是汤姆，还有希尔达。我关掉电视——我已经错过了一些剧情，不知道发生了什么，那个祖父好像不是超自然人物。这是希尔达第一次来我家，汤姆介绍她给大家认识。一时之间大家都默不作声，每个人看起来都很尴尬，于是大家都开始找话说。

“希尔达和我们一起去过海滩。”我说。

“我跟汤姆说过，我们不应该这么晚来打扰。”希尔达说。

爸爸说：“一点都不晚。进来坐吧。”

希尔达坐到沙发上，猫咪正蜷在上面睡觉。它抬头看了看她，又把头埋回去，继续睡觉。

妈妈从厨房端来咖啡和饼干，我把剩下的爆米花倒进一个碗里，递给大家。汤姆兴奋地搅着咖啡，啜了一小口，把杯子放下。

“我们这么晚来打扰是因为，”他说道，“我和希尔达聊了一整晚。我们打算结婚。”

爸爸不像我那么惊讶。“恭喜!”他祝贺道。

汤姆说了声“谢谢”，然后看向希尔达，她的脸涨得通红。这事看来是真的。汤姆又喝了几口咖啡，继续说道：“问题是，我不能靠花店的工作结婚养家。”

“工资不够用?”爸爸问道。

“嗯，不仅仅是工资的问题。这份工作不能给我想要的发展空间，所以我们讨论了一整晚。最后我们去了时代广场，跟陆军、海军和空军征兵办公室的人聊了聊。反正一两年后我也会被征召入伍，所以我已经决定去参军。”

“天哪，你可能会被派到西部待很多年!”妈妈说道。

“不会，如果我应征入伍就不会。这样要参军三年，但我可以选择我想去的部队。有个防空司令部，跟导弹有关。我还可以选择想要驻扎的城市。我可以选纽约，这样我们就可以结婚，我甚至还能继续上夜大，军队会为我支付大部分学费。”

爸爸问道：“你说话就像征兵办公室的人。你确定这些信息都可靠吗？”

“我还会再去确认一下，”汤姆答道，“事实上，征兵办公室的人试图说服我参加军官培训，成为职业军人。可是那样的话我就会被派到各处去，我认为我成为职业军人对希尔达没什么好处。”

“看得出你这一晚够忙的。”爸爸说道，“行了，别喝咖啡了，我要开瓶香槟，它从圣诞节开始就一直在冰箱里。”

我捡起打翻在地的汽水瓶，里面还有不少汽水，足够倒上一大杯。爸爸打开香槟，软木塞砰的一声冲到天花板上。猫咪被吓得从沙发上跳下来，半蹲在地板上，抖动着尾巴，准备随时躲起来。

爸爸将大家的小玻璃杯斟满香槟，朝汤姆和希尔达举起酒杯。“敬你们俩——祝你们生活幸福，白头偕老！”

我们饮了一口，然后我举起自己的汽水杯。“敬猫咪！如果没有猫咪，汤姆就不会站在这里。”

确实如此，于是我们都为猫咪干杯。猫咪则坐了下来，舔着自己的右前爪。